피지컬 AI,
현실 세계의 지능화

AI문고

인공지능 시대입니다. 기계가 인간의 인지를 대신하고, 사물이 인간을 통하지 않고 다른 사물과 직접 커뮤니케이션합니다. 이에 따른 인간 삶과 문명 변화를 정확히 이해·예측·대응하는 것은 이 시대 우리 모두의 과제입니다. AI문고는 인공지능 기술과 환경의 여러 주제를 10가지 키워드로 정리합니다. 관련 개념과 이론, 학계와 산업계의 쟁점, 우리 일상의 변화를 다룹니다. 인간과 기술의 현재, 미래를 세심히 분석합니다.

일러두기

- 인명, 작품명, 저서명, 개념어 등은 한글과 함께 괄호 안에 해당 국가의 원어를 병기했습니다.
- 외래어 표기는 현행 어문규정의 외래어표기법을 따랐습니다.

처음이세요?

전문가세요?

피지컬 AI,
현실 세계의 지능화

김학용

대한민국, 서울, 커뮤니케이션북스, 2025

피지컬 AI, 현실 세계의 지능화

지은이 김학용
펴낸이 박영률

초판 1쇄 펴낸날 2025년 10월 16일

커뮤니케이션북스(주)
출판 등록 2007년 8월 17일 제313-2007-000166호
02880 서울시 성북구 성북로 5-11
전화(02) 7474 001, 팩스(02) 736 5047
commbooks@commbooks.com
www.commbooks.com

ISBN 979-11-430-1264-7 03500

책값은 뒤표지에 표시되어 있습니다.

차례

현실 속으로 들어온 인공지능

우리는 지금까지 인공지능(AI)을 주로 화면 속 존재로 인식해 왔다. 스마트폰의 음성 비서, 인터넷 검색 엔진, 추천 알고리즘, 그리고 대화형 챗봇은 디지털 공간 안에서 우리의 요구에 반응하고, 정보를 제공하고, 간단한 대화를 나누는 데 머물러 있었다. 이러한 형태의 AI는 편리하지만, 물리적인 세상과 직접 상호작용하지는 않았다. 다시 말해, 우리 삶 속으로 들어오지는 않았다. 그러나 지금, 우리는 그 경계가 무너지는 중요한 전환점을 지나고 있다. 바로 '피지컬 AI(Physical AI)'의 시대가 열리고 있기 때문이다.

피지컬 AI는 말 그대로 '물리적 공간에서 행동하는 인공지능'을 의미한다. 디지털 공간의 경계를 넘어, 이제 AI는 현실에서 움직이고, 듣고, 보고, 판단하고, 반응한다. 로봇청소기가 방의 구조를 스스로 파악해 경로를 최적화하고, 자율주행차가 도로 위에서 다른 차량과 보행자, 신호를 인식해 스스로 경로를 조정하며 운행하고, 웨어러블 기기가 사용자의 심박수와 활동량을 실시간 분석해 건강 이상을 경고하는 것, 이 모두가 피지컬 AI의 사례다. 단순히 데이터를 분석하는 AI를 넘어, 현실 세계에 존재하며 인간처럼 행동하는 지능, 그것이 바로 피지컬 AI인 것이다.

이러한 피지컬 AI가 가능해진 배경에는 여러 기술적 진보가 복합적으로 작용하고 있다. 무엇보다 중요한 것은 AI 모델이 클라우드에 머무르지 않고 기기 내부에서 스스로 판단하고 실행하는 온디바이스 AI(On-Device AI)의 부상이다. 이는 단순한 기술 구조의 변화가 아니라, 인공지능이 우리 곁에 실시간으로 존재하며 반응할 수 있는 물리적 조건을 가능하게 만든다. 여기에, 데이터가 생성된 장소에서 곧바로 처리되는 에지 컴퓨팅, 다양한 형태의 센서와 액추에이터, 그리고 물리 세계를 디지털로 복제해 예측과 시뮬레이션이 가능하도록 하는 디지털 트윈, 공간 자체를 컴퓨팅 환경으로 바꾸는 공간 컴퓨팅까지 더해지며, 피지컬 AI는 점점 더 현실적인 기술로 자리 잡아 가고 있다.

이 책은 피지컬 AI가 무엇인지 개념을 소개하는 것에서 더 나아가, 왜 지금 이 시점에 이 기술이 중요한지를 통찰한다. 또한 피지컬 AI를 구성하는 핵심 기술들이 어떤 맥락과 논리로 연결되는지 설명하고, 다양한 산업 영역에서 이 기술이 실제로 어떻게 구현되고 있는지를 구체적인 사례를 통해 보여 주려 한다. 나아가, 피지컬 AI의 발전이 노동, 삶, 인간관계, 도시의 모습, 교육 시스템에 이르기까지 다양한 분야에 불러올 사회적 변화를 전망하며, 이러한 기술을 더 책임감 있게 수용하고 활용하기 위해 우리 사회가 준비해야 할 방향까지 제안하고자 한다.

AI는 더 이상 단지 소프트웨어가 아니다. 우리의 집 안을 움직이고, 병원에서 환자를 보조하고, 공장에서 생산 라인을 최적화하고, 농장에서 자율적으로 작물을 관리하며, 도시 전체의 흐름을 조율하는 존재가 되고 있다. 이 새로운 시대를 올바르게 이해하는 것은 단지 기술자나 연구자만의 몫이 아니다. 기업인, 정책가, 교육자, 그리고 일반 시민 모두가 함께 알아야 할 다가올 일상의 변화다.

AI가 우리 곁으로 다가올 수 있었던 이유

지금 우리가 이야기하는 피지컬 AI는 하루아침에 등장한 기술이 아니다. 이 새로운 형태의 지능은 오랜 시간 동안 여러 기술들이 축적되고 결합되며 진화한 결과물이다. 과거의 인공지능은 대부분 클라우드 기반으로 작동했다. 사용자 기기는 단순히 데이터를 수집하거나 요청을 전달하고, 실제 AI 연산과 판단은 원격 서버에서 이뤄졌다. 하지만 이 방식은 항상 지연 시간(latency), 개인정보 유출 우려, 네트워크 의존성이라는 한계를 안고 있었다.

이 한계를 근본적으로 해결한 것이 바로 온디바이스 AI, 즉 기기 내부에서 직접 AI 연산을 수행하는 기술이다. 스마트폰, 로봇, 자동차, 드론, 웨어러블 등 다양한 기기들이 이제는 자체적으로 딥러닝 모델을 구동할 수 있게 되었고, 이는 인공지능이 인간과 같은 즉각적인 반응을 할 수 있는 조건을 마련했다. 예컨대, 음성 명령에 대해 0.1초 이내에 반응하는 스마트 스피커, 교통 상황을 실시간으로 판단해 회피 경로를 설정하는 자율주행차, 사용자의 맥박 변화에 따라 경고를 보내는 헬스 밴드는 모두 온디바이스 AI의 결과물이다.

이러한 기술적 전환을 가능하게 한 것은 소프트웨어와 하드웨어의 동시 발전이다. 한편으로는 AI 모델이 경량화되고 효율적인 추론이 가능하도록 최적화되었으며, 다른 한편으로는 AI 전용 칩셋이 등장해 연산 성능과 전력 효율을 획기적으로 높였다. 애플(Apple)의 뉴럴 엔진(Neural Engine), 구글(Google)의 에지 TPU(Edge TPU),

퀄컴(Qualcomm)의 AI 엔진(AI Engine) 등은 단순한 모바일 칩을 넘어서 지능형 디바이스를 위한 핵심 부품으로 자리매김하고 있다.

온디바이스 AI와 밀접하게 연결된 개념이 바로 에지 컴퓨팅(Edge Computing)이다. 이는 데이터를 생성한 현장에서 곧바로 분석과 판단을 수행하는 컴퓨팅 방식으로, 클라우드에 의존하지 않고 빠른 의사 결정을 가능하게 한다. 특히 자율주행차처럼 0.01초의 판단 지연이 생명을 위협할 수 있는 분야에서 에지 컴퓨팅은 더 이상 선택이 아닌 필수가 되고 있다. 스마트팩토리에서는 생산 라인의 센서가 수집한 데이터를 실시간으로 분석해 불량을 감지하고, 농업 분야에서는 드론이 수집한 이미지를 즉석에서 분석해 병충해를 식별하고 대응한다.

에지 컴퓨팅은 단지 속도의 문제를 해결하는 데 그치지 않는다. 네트워크 대역폭의 부담을 줄이고, 데이터 보안을 강화하며, 시스템의 전체적인 효율성을 높이는 역할도 수행한다. 클라우드가 전지적 시점에서 대규모 분석을 수행하는 뇌에 가깝다면, 에지 컴퓨팅은 손발과 같은 역할을 하며 현장에서의 빠른 판단을 담당한다. 피지컬 AI는 바로 이러한 손발을 가짐으로써, 단순히 지능을 가진 것이 아니라 상황에 반응할 수 있는 존재로 발전하고 있다.

이러한 기술적 전환은 단지 기능적 향상에 머무르지 않고, 인공지능이 인간 사회에 물리적으로 깊숙이 들어올 수 있는 조건을 만들어 냈다. 이제 인공지능은 클라우드의 그림자 속에 머물지 않고, 우리의 생활 공간 속으로, 산업 현장으로, 심지어는 우리의 신체 가까이까지 들어왔다. 이것이 바로 피지컬 AI 시대의 진입점이며, 그 출발선에는 항상 온디바이스 AI와 에지 컴퓨팅이 자리하고 있다.

현실을 보고 듣고 움직이는 지능

피지컬 AI가 행동하는 지능이라는 말을 들었을 때, 가장 먼저 떠오르는 이미지는 아마도 로봇일 것이다. 로봇이 인간처럼 팔과 다리를 움직이고, 주변을 인식하며, 상황에 맞게 반응하는 모습은 오래전부터 공상과학 영화에 등장해 왔다. 하지만 그런 상상은 이제 현실이 되고 있다. 실제로 피지컬 AI는 로봇이라는 형태뿐 아니라, 다양한 사물과 공간에 스며들어 우리가 인식하지 못하는 사이에도 끊임없이 현실 세계와 상호작용하고 있다.

이 상호작용을 가능하게 하는 핵심은 바로 센서(sensors)와 액추에이터(actuators)다. 센서는 피지컬 AI

의 '눈과 귀' 역할을 한다. 카메라, 라이다(LiDAR), 레이더, 온도 센서, 가속도계, 마이크 등 다양한 센서들은 물리 세계로부터 신호를 수집하고, 이를 AI가 해석 가능한 데이터로 변환한다. 자율주행차가 도로의 차선을 인식하고, 전방의 보행자와 차량을 구분하며, 신호등과 표지판을 읽을 수 있는 것도, 모두 이러한 센서들이 있기에 가능한 일이다.

한편 액추에이터는 피지컬 AI의 '팔과 다리'다. 센서를 통해 수집된 정보를 기반으로, 실제로 움직이고 반응하는 역할을 수행한다. 로봇의 관절을 움직이는 모터, 자동문을 여닫는 구동 장치, 드론의 회전을 제어하는 프로펠러 등은 모두 액추에이터의 일종이다. 이처럼 센서와 액추에이터가 결합하면, AI는 보는 것과 행동하는 것을 동시에 할 수 있게 되며, 비로소 현실 세계에 실질적인 영향을 미치는 존재로 작동한다.

그렇다고 해서 피지컬 AI가 단지 물리 세계 안에서만 작동하는 것은 아니다. 디지털 트윈(Digital Twin) 기술을 통해, 물리 세계와 디지털 세계는 실시간으로 연결된다. 디지털 트윈은 공장, 건물, 차량, 사람 등 물리적인 대상의 구조와 상태를 디지털 공간에 똑같이 재현한 것이다. 이를 통해 우리는 현실의 대상이 어떻게 작동하고 있는지를 원격에서 실시간으로 파악하고, 예측하고, 시뮬레이션할 수 있다. 예를 들어 항공기 엔진에 부착된 센서들이 실시간으로 데이터를 보내고, 이 데이터를 기반으로 디지털 트윈상에서 엔진의 상태를 분석해 고장을 사전에 감지하는 것이 가능하다.

이러한 디지털 트윈은 물리적인 현실을 보는 방식뿐 아니라 문제를 예측하고 개선하는 방식을 바꾸고 있다. 스마트시티에서는 도로, 교통, 에너지, 건물 등 도시 전체의 운영 상태를 디지털 트윈으로 감시하며, 이상 징후를 사전에 포착하고 최적의 운영 방안을 시뮬레이션할 수 있다. 이는 단지 기술의 정밀도를 높이는 것이 아니라 전반적인 시스템의 효율성과 안전성을 확보하는 데 결정적인 역할을 한다.

여기에 공간 컴퓨팅(Spatial Computing)이라는 개념이 결합하면, 피지컬 AI는 한층 더 진화한 형태를 띠게 된다. 공간 컴퓨팅은 현실 공간 자체를 하나의 컴퓨팅 환경으로 인식하고, 그 안에서 디지털 정보와 물리 환경이 실시간으로 결합하는 기술이다. 증강현실(AR), 혼합현실(MR), 홀로렌즈와 같은 기기를 통해 사용자 눈앞에 실제 공간 위에 디지털 객체를 겹쳐 보여 주면 사용자는 손짓이나 시선으로 제어할 수 있다. 피지컬 AI가 이러한 환경에서 동작하면, 인간과 AI 간의 상호작용은 훨씬 더 직관적이고 자연스러워진다.

결국 피지컬 AI는 단지 AI가 물리 공간에 존재하는 데서 그치지 않는다. 센서와 액추에이터를 통해 현실을 감각하고 반응하며, 디지털 트윈을 통해 물리 세계를 모사하고 이해하고, 공간 컴퓨팅을 통해 인간과 소통하는 방식까지 혁신한다. 이는 물리적 지능이 인간의 삶에 깊이 들어올 수 있는 기술적 기반이자, 우리가 이 기술을 어떻게 이해하고 활용해야 하는지를 보여 주는 결정적인 단서가 된다.

우리 삶 속으로 들어온 피지컬 AI

이미 우리는 일상 곳곳에서 다양한 피지컬 AI를 마주하고 있다. 아침에 일어나면 스마트 스피커가 날씨를 알려주고, 스마트 커튼이 해가 뜨는 시간에 맞춰 열린다. 출근길에는 자율주행차량이 도로를 스스로 주행하고, 병원에서는 로봇이 의사를 보조하며 수술을 돕는다. 대형 물류창고에서는 배송 로봇들이 정밀하게 이동하며 상품을 분류하고, 농장에서는 드론이 하늘에서 작물 상태를 점검하고 비료를 살포한다. 피지컬 AI는 더 이상 먼 미래의 기술이 아니다. 이미 지금, 그리고 여기에 존재하며 조용히 우리의 삶을 바꾸고 있는 중이다.

가장 먼저 눈에 띄는 변화는 생활 공간의 지능화다. 스마트홈 기술은 단순히 원격으로 전등을 켜는 수준을 넘어, 사용자의 행동 패턴을 학습하고, 에너지 사용을 최적화하며, 노약자의 건강 상태를 실시간으로 모니터링하는 수준까지 발전하고 있다. 조명, 커튼, 냉난방기, 보안 시스템 등 다양한 기기들이 연동되어 마치 집 자체가 하나의 살아 있는 존재처럼 작동한다. 이러한 변화는 특히 고령화 사회에서의 돌봄 기술, 즉 노약자나 장애인의 자립 생활을 가능하게 하는 데 큰 기여를 하고 있다.

산업 현장에서는 피지컬 AI가 생산성과 안전성을 동시에 혁신하고 있다. 제조업에서는 로봇팔이 사람과 협업하며 정교한 작업을 수행하고, 에지 기반의 품질 검사 시스템은 불량률을 줄이고 전반적인 효율을 높이고 있다. 물류 분야에서는 AGV(Automated Guided Vehicle)가 창고 내 수송을 자동화하고 있다. 이러한 변화는 비용 절감 이상의 의미를 갖는다. 피지컬 AI는 단순 반복 업무를 자동화함으로써, 인간이 더 창의적이고 가치 있는 일에 집중할 수 있는 시간을 만들어 주기 때문이다.

이러한 변화는 우리의 일상 생활이나 산업현장뿐 아니라 의료, 농업, 교육, 환경 등 다양한 분야에 걸쳐 동시

다발적으로 나타나고 있다. 시나브로 사용자를 둘러싼 주변 환경이 사용자의 무의식적인 필요를 인지하고 그에 맞는 서비스를 선제적으로 제공하기 시작하고 있다. 사용자를 둘러싼 주변 환경이 사용자를 배우기 시작하면서, 사람들은 더 이상 기계나 기술을 배울 필요가 없게 되었다. 진정한 앰비언트(Ambient) 시대가 도래하고 있는 것이다.

하지만 이처럼 피지컬 AI가 사회 전반에 스며들면서, 우리는 기술의 편리함과 함께 새로운 책임과 과제를 마주하게 된다. 가장 큰 문제는 개인정보 보호다. 피지컬 AI는 그 특성상 끊임없이 인간의 행동과 공간을 인식하고 분석해야 한다. 스마트홈에서 수집되는 생활 패턴, 자율주행차의 주변 환경 영상, 헬스케어 로봇의 생체 정보 등은 모두 민감한 데이터다. 이러한 데이터가 어떻게 수집되고, 어디에 저장되며, 누구에게 공유되는지는 단순한 기술 문제가 아니라 인권과 관련된 윤리적 문제다.

또 하나의 이슈는 책임 소재의 불명확성이다. 자율주행차가 사고를 냈을 때, 로봇이 잘못된 판단을 했을 때, 우리는 그 책임을 누구에게 물을 수 있을까? 개발자, 제조사, 운영자, 사용자 사이의 경계가 모호해지는 가운데, 법과 제도는 아직 이러한 상황을 명확히 규정하지 못하고 있다. 더욱이 AI가 사람의 생명과 재산에 영향을 미치는 결정을 내릴 수 있는 상황에서는, 기술적 오류뿐 아니라 공정성과 편향성 문제도 함께 고려되어야 할 것이다.

이처럼 피지컬 AI의 확산은 사회적 신뢰를 기반으로 하지 않으면 지속될 수 없다. 기술은 중립적일 수 있지만, 그 사용과 결과는 인간의 의도와 구조에 따라 달라지기 때문이다. 따라서 우리는 기술의 발전 속도만큼이나 그것이 미치는 영향을 사려 깊게 분석하고, 윤리적 · 법적 · 제도적 준비를 병행해야 한다. 기술의 책임은 결국 인간에게 있다. 피지컬 AI가 사람을 위협하는 존재가 아니라 진정한 동반자로 자리잡기 위해서는 사회 전체의 합의와 신중한 설계가 필수적인 이유다.

움직이는 지능과 함께 살아가기 위한 준비

피지컬 AI는 단순한 기술 혁신을 넘어, 우리가 살아가는 일상의 방식 자체를 바꾸는 힘을 지니고 있다. 과거 산업화가 인간의 노동을 기계로 대체했다면, 이제 피지컬 AI는 인간의 지능적 행동 일부를 물리적 공간에서 구현하고 대체하려 하고 있다. 그렇다면 우리는 이 변화 속에서 어떤 삶을 살게 될까?

우선, 노동의 방식이 크게 바뀔 것이다. 단순 반복 작업은 물론이고, 일정 수준의 판단과 감각이 필요했던 영역까지도 점차 피지컬 AI에 의해 보조되거나 대체될 것이다. 예를 들어, 창고 관리자는 직접 물품을 나르지 않고 로봇의 경로를 설정하는 운영자가 되고, 간호사는 생체 데이터를 분석하는 AI 도구와 협업하며 환자를 보다 정밀하게 케어할 수 있게 된다. 이는 곧 직무의 본질이 바뀌고, 요구되는 역량도 달라진다는 것을 의미한다.

또한 삶의 질 역시 전반적으로 향상될 가능성이 크다. 맞춤형 헬스케어, 지능형 주거 공간, 개인의 습관을 이해하는 로봇 비서, 노약자를 위한 돌봄 로봇 등은 모두 피지컬 AI가 가져올 일상 속의 변화다. 특히 고령화와 1인 가구의 증가, 의료 인력 부족 같은 사회 문제를 해결하는 데 피지컬 AI는 현실적인 해법이 될 수 있다. 도시는 보다 효율적으로 운영되고, 공공 서비스는 더 정교해지며, 사람들은 반복적 업무에서 벗어나 더 창의적인 활동에 집중할 수 있는 기회를 얻게 될 것이다.

그러나 이 모든 변화가 긍정적이기만 한 것은 아니다. 노동 시장에서는 일부 일자리가 사라질 수도 있고, 새로운 직무로의 전환이 쉽지 않은 이들은 소외될 수 있다. 기술 격차에 따른 디지털 불평등은 더 심화될 가능성도 있으며, AI가 판단하고 행동하는 방식에 대한 이해 부족은 불신과 저항을 불러일으킬 수도 있다. 따라서 우리는 기술의 발전만큼이나 중요한 것이 사회적 수용성과 제도적 정비임을 잊지 말아야 할 것이다.

이러한 맥락에서, 이 책의 마지막 장에서는 우리가 무엇을 준비해야 하는지에 대해 이야기할 것이다. 단순히 기술을 배우는 것을 넘어, 그 기술의 원리와 작동 맥락을 이해하고 인간 중심의 설계가 어떻게 가능한지를 고민할 수 있는 역량이 필요하기 때문이다. 교육 시스템은 인공지능과 공존하는 미래를 전제로 재설계되어야 하며, 법과 제도는 끊임없이 변화하는 기술 환경에 민첩하게 대응할 수 있어야 한다. 동시에, 기업과 정부, 시민 사회는 함께 윤리적 기준을 마련하고, 기술이 인간의 가치를 침해하지 않도록 끊임없이 감시하고 통제할 수 있는 체계를 구축해야 한다.

결국 피지컬 AI 시대는 기술의 시대라기보다, 기술과 인간이 함께 살아가는 새로운 시대다. 인공지능이 물리 공간에서 지능적으로 움직이고 반응하는 세상은 더 이상 먼 미래가 아니라 지금 이 순간 우리 앞에 놓인 현실이다. 이 책은 그 현실을 올바르게 바라보고, 우리가 그 안에서 어떤 선택을 해야 할지를 함께 고민하기 위한 출발점이 될 것이다.

01
피지컬 AI, 우리 삶에 찾아온 지능

우리는 이미 인공지능(AI)이라는 단어에 익숙하다. 하지만 이 책에서 다룰 피지컬 AI(Physical AI)는 여기서 한 단계 더 나아가, 단순히 화면 속에만 존재하는 것이 아니라 집이나 사무실, 공장, 도시와 같은 현실 세계의 다양한 공간들, 그리고 환경 그 자체에 지능을 불어넣는 기술이다. 바야흐로 인공지능이 코드를 넘어 물리적인 세상에서 우리의 삶에 직접적으로 영향을 미치기 시작하고 있다.

기후 위기와 인공지능?

AI, 더 이상 화면 속에만 머무르지 않는다: 디지털 AI에서 피지컬 AI로

과거의 인공지능, 혹은 우리가 흔히 접해 온 인공지능은 주로 디지털 인공지능(Digital AI)이라고 부를 수 있다. 이는 데이터를 분석하고, 예측하며, 복잡한 문제를 해결하지만, 그 결과는 대부분 디지털적인 방법, 즉 컴퓨터나 스마트폰의 화면에 표시되거나 AI 스피커를 통해 소리로 전달되는 형태였다. 예를 들어, 2016년 세상을 깜짝 놀라게 한 바둑 인공지능 '알파고'는 복잡한 계산을 통해 수를 두었지만, 실제로 바둑돌을 놓는 것은 사람[구글 딥마인드(DeepMind) 소속 연구원인 아자 황(Aja Huang) 박사]이었다.

하지만 피지컬 AI는 디지털 인공지능의 지능을 현실 세계에 구현한다. 이는 인공지능이 단지 생각하는 것을 넘어, 직접 행동하고 움직이며 물리적인 변화를 만들어 내는 것을 의미한다. 마치 영화 속에서만 보던 지능형 로봇이나 스스로 움직이는 스마트시티가 현실이 되는 것이다. 웹 검색, 이미지 인식, 번역, 챗봇과 같은 디지털 인공지능이 주로 소프트웨어적 상호작용에 머무는 반면, 자율주행차, 로봇청소기, 스마트팩토리의 로봇 팔, 스마트 빌딩의 자동 온도 조절 시스템, 의료 보조 로봇과 같은 피지컬 AI는 현실 세계에서 물리적 상호작용을 통해 우리의 삶에 직접적으로 개입한다.

인공지능 컴퓨팅 분야의 세계적인 리더 기업인 엔비디아는 "피지컬 AI는 로봇, 자율주행차, 그리고 스마트 공간과 같은 자율 시스템들이 현실(물리) 세계에서 인지하고, 이해하고, 복잡한 행동을 수행하도록 하는 것이다. 인사이트나 액션을 생성하는 능력 때문에 종종 "생성형 물리 AI"라고 불리기도 한다.(Physical AI lets autonomous systems like robots, self-driving cars, and smart spaces perceive, understand, and perform complex actions in the real (physical) world. It's also often referred to as "generative physical AI" because of its ability to generate insights and actions.)"라고 정의하고 있다. 즉, 현실 세계의 데이터를 기반으로 현실 세계를 이해하고 여기서 도출한 인사이트를 바탕으로 자율적으로 현실 세계와 상호작용함으로써 주어진 목적을 달성하도록 하는 인공지능 기술이라고 요약할 수 있다.

하지만 피지컬 AI가 전혀 새로운 개념은 아니다. 물리 지능(Physical Intelligence)이라는 표현으로 이미 1990년대부터 사용되었던 개념이고, 2024년 초에는 같은 이름의 회사도 설립된 바 있다. 물론 초기의 물리 지능은 현재의 피지컬 AI의 개념과 다소 달랐지만, 생성형 AI가 본격적으로 소개된 2022년부터는 사실상 지금의 피지컬 AI와 같은 개념으로 사용되고 있다.

젠슨 황이 예견한 AI 진화의 물결: 피지컬 AI의 도래

엔비디아의 CEO인 젠슨 황(Jensen Huang)은 CES 2025 키노트에서 인공지능 기술의 진화 단계를 네 단계로 구분하며, 궁극적으로 피지컬 AI 시대가 도래할 것임을 강조했다. 그의 비전은 인공지능이 단순히 데이터를 처리하는 것을 넘어, 현실을 이해하고, 창조하며, 주체적으로 행동하는 방향으로 발전하고 있음을 보여 준다. 이러한 진화의 흐름을 이해하는 것은 피지컬 AI의 중요성을 파악하는 데 필수적이다.

젠슨 황이 말한 인공지능 진화의 첫 단계는 인지 혹은 지각 AI(Perception AI)다. 이는 인공지능이 카메라, 마이크, 센서 등 다양한 수단을 통해 현실 세계의 정보를 인지하고 이해하는 능력에 중점을 둔다. 마치 인간이 오감으로 세상을 받아들이는 것처럼, 인지 AI는 이미지, 음성, 영상, 각종 센서 데이터를 분석해 패턴을 인식하고 그 의미를 파악한다. 스마트폰의 얼굴 인식 잠금 해제,

CCTV의 사람/차량 감지, AI 스피커의 음성 명령 인식, 공장의 불량품 감지 시스템 등이 인지 AI의 대표적인 사례다.

다음 단계는 현재 가장 주목받고 있는 생성형 AI (Generative AI)다. 인지 AI가 현실의 정보를 이해하는 데 그쳤다면, 생성형 AI는 학습된 데이터를 기반으로 전에는 없던 새로운 콘텐츠를 생성하는 능력을 가진다. 텍스트, 이미지, 음성은 물론 자연스러운 영상이나 소프트웨어 코드까지 만들어 낼 수 있으며, 이는 인간의 창작 활동을 보조하고 확장하는 강력한 도구가 되고 있다. 오픈AI(OpenAI)의 챗GPT(ChatGPT)나 구글의 제미나이 (Gemini)와 같은 대규모 언어 모델(LLM), 미드저니 (Midjourney), 달리(DALL-E) 같은 이미지 생성 인공지능, 네이버의 클로바 더빙이나 아마존의 폴리(Polly) 같은 음성 생성 인공지능이 대표적이다.

한때 유행했던 지브리 스타일의 이미지를 생성하는 것은 말할 것도 없고, 강아지나 고양이가 다이빙을 하거나 무시무시한 자연 재해가 일어나는 영상 등 최근 SNS를 통해 유포되는 다양한 영상들을 보면, 이것이 실제 영상인지 아니면 인공지능에 의해 생성된 것인지 구분하기 어려울 정도다. 그러나 생성형 AI의 활용 분야는 이에 국한되지 않는다. 생성형 AI는 피지컬 AI에게 상상력과 창조성을 부여하여, 로봇이 특정 작업을 수행하기 위한 새로운 동작을 스스로 생성하거나, 자율주행차가 예상치 못한 상황에 대처하기 위한 새로운 주행 경로를 시뮬레이션하고 만들어 내는 데에도 활용될 수 있다.

젠슨 황이 강조한 인공지능 진화의 중요한 축은 에이전틱 AI(Agentic AI)다. 이는 인공지능이 단순히 지각하거나 생성하는 것을 넘어, 주어진 목표를 달성하기 위해 스스로 계획을 수립하고, 다양한 도구를 활용하며, 연속적인 행동을 실행하는 능력을 의미한다. 일반적으로 AI 에이전트(AI Agent)가 질문에 답하거나 일정을 정리하는 등 특정한 작업을 수행하도록 만들어진 것이라면, 에이전틱 AI는 마치 개인 비서처럼 복잡한 업무를 스스로 처리하고, 환경 변화에 맞춰 유연하게 대처할 수 있다. 항공권, 호텔, 렌터카, 식당이나 체험 프로그램 등을 포함하는 복잡한 여행 계획을 스스로 짜고 예약까지 완료하는 인공지능 비서가 대표적이다.

에이전틱 AI는 흔히 (1) 목표 설정 및 인식, (2) 계획 수립, (3) 실행, (4) 평가 및 반성의 4단계로 작동한다. 사용자로부터 목표를 전달받으면 그 목표를 달성하기 위해 필요한 정보를 외부 환경으로부터 능동적으로 수집하고 분석한다. 이를 바탕으로 복잡한 최종 목표를 여러 개의 작고 구체적인 하위 작업으로 나누며, 이 하위 작업들을 어떤 순서로, 어떤 도구를 사용해 실행할지 최적의 계획을 세운다. 이후 계획에 따라 필요한 도구를 호출하고 작업을 수행한다. 이 과정에서 AI 모델이 외부의 다양한 애플리케이션이나 서비스, 데이터베이스와 소통할 수 있도록 하는 개방형 표준 프로토콜인 MCP(Model Context Protocol)가 중요한 역할을 한다. 마지막으로, 실행된 작업의 결과가 목표에 부합하는지 스스로 평가한다.

이 과정에서 예상치 못한 장애물이 발생하거나 결과가 불만족스러울 경우, 왜 실패했는지 분석하고 새로운 해결책을 모색한다. 이를 바탕으로 계획을 수정하거나 새로운 계획을 세워 작업을 다시 실행할 수도 있다. 중요한 것은 이 과정을 통해 얻은 경험을 장기 기억에 저장해 다음에 비슷한 목표가 주어졌을 때 더 효율적으로 작업을 수행하도록 스스로를 개선한다는 점이다. 이런 이유로 (5) 반복 및 개선을 다섯째 단계로 추가하기도 한다.

에이전틱 AI는 피지컬 AI에게 의지와 자율성을 부여하여, 로봇이 주변 환경을 인지하고 필요한 동작을 생성한 뒤 최종적으로 스스로 목표를 설정하고 일련의 복잡한 행동 계획을 세워 실행하게 만든다. 예를 들어, 공장 내 로봇이 '생산 라인의 효율을 극대화하라'는 목표를 받으면, 스스로 공정의 병목 현상을 파악해 작업 순서나 로봇 배치를 최적화하는 식으로 생산 라인의 효율을 개선한다.

앞의 예시처럼 에이전틱 AI가 부분적으로 현실 세계에 영향을 미칠 수 있지만, 일반적으로 에이전틱 AI는 온라인 세상에서 동작하거나 혹은 간접적인 방식으로 현실 세계에 영향을 미친다. 예를 들어, 로봇청소기에게 거실을 청소하라는 목표가 주어지면, 에이전틱 AI는 로봇청소기 앱의 API를 호출해 거실 청소를 개시하라는 명령을 내린다. 로봇청소기는 이 명령을 받아 청소라는 물리적인 행동을 수행한다. 개념적으로는 완벽해 보이지만, 통신 오류나 단절, 통신 지연과 같은 문제가 발생하는 등 에이전틱 AI와 로봇청소기 사이에 실시간으로 정보를 주고받으며 작업을 수행하는 데는 한계가 있을 수밖에 없다. 더군다나 에이전틱 AI가 모든 청소기 모델의 API를 완벽하게 이해하고 사용한다는 것은 현실적이지 않다.

에이전틱 AI의 장점을 승계하는 반면, 방금 소개한 에이전틱 AI의 단점이나 한계를 극복할 수 있는 개념이 바로 피지컬 AI(Physical AI)다. 물리 AI로도 불리는 피지컬 AI는 단순히 인공지능이 데이터를 분석하는 것을 넘어, 분석된 데이터를 바탕으로 현실 세계에서 직접적이고 실질적인 변화를 만들어내는 궁극적인 형태의 인공지능이다. 즉, 인지 AI가 이해한 세상, 생성형 AI가 만든 아이디어, 에이전틱 AI가 세운 계획을 최종적으로 현실 세계의 물리적인 공간과 사물에 구현해 직접적인 행동과 상호작용을 만들어 내는 종합적인 인공지능이라 할 수 있다.

일반적으로 에이전틱 AI가 인간 수준의 범용적 사고가 가능한 형태로 진화한 것을 '범용 인공지능(Artificial General Intelligence, AGI)'이라 말한다. 아직까지 AGI는 지능의 보편성 관점에서만 정의되고 있는데, 이런 AGI가 물리적 세계까지 확장된다면 사실상 피지컬 AI와 동일한 것으로 이해할 수 있다.

피지컬 AI의 주요 활용 분야는 크게 네 가지로 분류된다. 사용자의 필요를 인지하고 필요한 서비스를 선행적으로 제공하는 스마트홈이나 스마트 빌딩과 같은 스마트 공간(Smart Space), 스스로 운전하는 자동차, 사람처럼 걷고 작업하는 휴머노이드 로봇이나 재난 지역을 수색하는 드론, 그리고 실시간으로 주변 환경을 인지하고 사용자의 활동을 돕는 스마트 글래스나 외골격 로봇(exo-skeleton) 같은 웨어러블(wearable)이다.

피지컬 AI는 인지, 생성, 에이전틱 AI의 능력이 모두 결합되었을 뿐만 아니라 사용자는 물론 현실 세계와 실시간으로 상호작용함으로써, 인간의 삶과 산업, 사회 전반에 걸쳐 가장 강력하고 광범위한 영향을 미칠 것으로 기대되고 있다. 바로 그 피지컬 AI에 대해 하나씩 파헤쳐 보기로 하자.

왜 지금 피지컬 AI가 중요한가?

젠슨 황의 인공지능 진화론을 통해 우리는 피지컬 AI가 단순한 기술 트렌드를 넘어선 필연적인 발전 단계임을 알 수 있다. 그렇다면 왜 지금 이 시점에서 피지컬 AI가 우리에게 이토록 중요한 의미를 가지는 것일까?

첫째, 기술의 성숙과 융합이 그 이유다. 딥러닝 등 인공지능 알고리즘이 비약적으로 발전하며 인공지능은 이제 복잡한 상황을 스스로 인지하고 판단하는 고도화된 능력을 갖추었다. 여기에 로봇 공학, 정교한 센서 기술, 그리고 소형화된 고성능 프로세서 등 피지컬 AI를 구현하는 데 필수적인 하드웨어 기술 역시 놀랍도록 발전했다. 5G나 Wi-Fi 7과 같은 초고속, 저지연 통신 기술의 확산은 피지컬 AI 기기들이 실시간으로 데이터를 주고받고 협력하는 데 필수적인 토대를 제공한다. 이러한 기술들의 개별적인 발전과 함께, 이들이 서로 융합해 시너지를 내는 지점이 바로 지금이다.

둘째, 사회적 요구의 증가와 문제 해결이라는 측면에서도 피지컬 AI는 중요하다. 전 세계적인 고령화로 인해 돌봄 인력의 부족은 심화되고 있으며, 산업 현장에서는 생산성 향상과 인력난 해결이 시급하다. 컨설팅 그룹인 콘 페리(Korn Ferry)의 조사에 따르면 2030년까지 전세계적으로 8천5백만 명의 숙련된 기술 인력이 부족할 것으로 전망된다.

그뿐 아니라 인간에게 위험하거나 반복적이고 지루한 작업의 자동화 필요성도 커지고 있으며, 에너지 효율화와 같은 환경 문제 해결은 더욱 중요한 과제가 되고 있다. 피지컬 AI는 이러한 복잡한 산업적, 사회적 문제들을 해결하기 위한 가장 강력하고 현실적인 도구로 주목받고 있다. 데이터 분석에 그치지 않고 물리적인 행동으로 직접적인 해결책을 제시할 수 있기 때문이다.

셋째, 새로운 경제적 가치 창출이다. 피지컬 AI는 기존 산업의 효율을 극대화할 뿐만 아니라 자율주행 서비스, 스마트 로봇 제조, 지능형 농업 시스템 등 완전히 새로운 산업과 비즈니스 모델을 창출하고 있다. 2025년 6월 28일, 미국 텍사스주 오스틴 기가팩토리에서 생산된 모델 Y 차량이 공장에서 고객의 아파트까지 약 30분간 완전 자율주행을 통해 인도(autonomous delivery)된 것은 단적인 사례다. 피지컬 AI는 단순히 비용을 절감하는 것을 넘어, 이전에 불가능했던 서비스와 제품을 제공하며 새로운 시장을 열고 있으며 전 세계 경제에 막대한 파급 효과를 가져올 것으로 예상된다.

피지컬 AI는 어떤 모습으로 우리 삶에 찾아올까?

흔히 자율주행차나 로봇이 피지컬 AI의 대표적인 사례로 소개되지만, 피지컬 AI는 우리의 일상생활, 산업 현장, 그리고 도시 환경 전반에 걸쳐 다양한 모습으로 나타날 것이다.

가정에서는 로봇청소기처럼 이미 익숙한 존재를 넘어, 스스로 집 안을 순찰하며 보안을 담당하거나, 노약자의 건강 상태를 모니터링하고 응급 상황에 대처하는 돌봄 로봇이 등장할 수 있다. 냉장고가 식재료를 파악하고 필요한 물품을 자동으로 주문하며, 조명이나 에어컨이 우리의 동선과 선호도를 학습해 최적의 환경을 조성하는 스마트홈이 더욱 지능적으로 변모할 것이다. 이들 피지컬 AI는 젠슨 황이 언급한 인지, 생성, 에이전트 AI의 능력을 모두 결합해 더욱 자율적이고 인간 친화적인 방식으로 우리의 삶에 녹아들 것이다.

이동과 교통 분야에서는 자율주행차가 피지컬 AI의 가장 대표적인 사례다. 자율주행차는 운전자의 개입 없이 스스로 목적지까지 이동하며, 교통 체증을 줄이고 사고 위험을 최소화할 수 있다. 자율주행차는 스스로 도로 상황을 지각(Perception AI)하고, 예상치 못한 상황에 대한 대응 전략을 생성(Generative AI)하며, 스스로 최적의 주행 경로를 계획하고 실행(Agentic AI)하는 피지컬 AI의 복합체다. 같은 맥락에서 드론을 이용한 택배 배송이나 승객 운송 서비스도 피지컬 AI의 주요 활용 분야로 주목받고 있다.

산업 현장에서는 AI가 탑재된 로봇 팔이 정밀하고 반복적인 작업을 수행하고, 자율 이동 로봇이 물류를 운반하며, AI 기반의 센서가 생산 과정의 불량을 실시간으로 감지한다. 그리고 이 모든 시스템이 연동되어 생산성을 극대화하는 스마트팩토리가 더욱 보편화될 것이다. 여기서 로봇은 단순히 프로그래밍된 동작을 반복하는 것이 아니라, 생산 라인의 데이터를 지각하고, 효율적인 작업 방식을 스스로 생성하며, 생산 목표 달성을 위해 주체적으로 행동하는 에이전트 인공지능의 특성을 보일 것이다.

도시 환경에서는 도시 곳곳에 설치된 스마트 센서와 피지컬 AI 시스템이 교통 흐름을 최적화하고, 에너지 사용량을 효율적으로 관리하며, 쓰레기 수거를 자동화하는 등 도시 인프라를 더욱 똑똑하게 만들 것이다. 재난 발생 시에도 피지컬 AI 로봇이 위험 지역에 투입되어 인명 구조나 상황 파악을 돕는 등 시민의 안전을 지키는 데 기여할 수 있다. 도시의 피지컬 AI 시스템은 교통 체증을 인지하고, 최적의 우회 경로를 생성하며, 신호등을 에이전트처럼 제어하는 복합적인 능력을 발휘할 것이다.

이처럼 피지컬 AI는 더 이상 공상과학 영화 속 이야기가 아니다. 젠슨 황이 제시한 인공지능 진화의 흐름처럼, 인공지능의 지능이 현실 세계의 사물과 로봇에 깃들어 우리 삶의 방식과 일하는 방식을 근본적으로 변화시키고 있다.

02
온디바이스 AI, 똑똑한 사물들의 비밀

스마트폰으로 사진을 찍으면 이내 사진의 밝기나 색상이 자동으로 조절되고, 음성 비서에게 명령했을 때 즉각적으로 반응하는 경험을 해 봤을 것이다. 이런 것들이 가능한 이유는 바로 온디바이스 AI(On-Device AI)라는 기술 때문이다. 피지컬 AI가 우리 주변의 사물과 로봇에 지능을 불어넣으려면, 이 똑똑한 사물들이 스스로 생각하고 행동하는 능력이 필수적인데, 그 비밀이 바로 온디바이스 AI에 있다.

노래하는 AI 보컬?

온디바이스 AI란 무엇인가?

우리가 흔히 접하는 인공지능 서비스는 인터넷 너머에 있는 거대한 클라우드(cloud) 서버에서 작동한다. 예를 들어 외국어로 된 웹사이트를 번역하거나 챗GPT 혹은 제미나이 같은 생성형 AI 서비스를 이용하여 궁금한 것에 대한 답을 구하거나 생산 라인에서 얻어지는 복잡한 데이터를 분석하는 인공지능은 대부분 클라우드에 존재한다. 사용자가 명령을 내리면 그 명령이나 관련 데이터가 클라우드로 전송되고, 클라우드의 강력한 컴퓨터가 이를 분석한 후 결과를 다시 사용자에게 보내 주는 방식이다.

인공지능 서비스가 클라우드 서버를 이용하는 이유는 다양하지만, 가장 근본적인 이유는 고성능 컴퓨팅 자원을 쉽게 확보할 수 있기 때문이다. 인공지능 모델의 학습 및 추론에는 막대한 연산 능력이 필요한데, 클라우드는 기업들이 이러한 고성능 인프라를 직접 구축하지 않고 필요할 때마다 유연하게 이용할 수 있게 해 준다. 이는 초기 인프라 투자 비용을 없앨 뿐만 아니라, 자체 서버 운영에 필요한 유지 보수, 전력, 관리 인력 등의 부담도 사실상 제거한다. 또한 필요에 따라 컴퓨팅 자원을 즉시 확장하거나 축소할 수 있는 유연성도 제공하여 안정적으로 서비스를 운영할 수 있게 한다.

하지만 클라우드 기반으로 인공지능 서비스를 제공하는 것은 동시에 여러 가지 문제를 제기하거나 한계를 가진다. 대표적인 것이 보안 및 데이터 프라이버시 문제다. 기업의 민감한 데이터나 사용자들의 개인정보가 클라우드에 있는 인공지능 서비스 사업자의 서버로 전송되어 저장되므로, 데이터의 유출이나 해킹 등 보안 사고의 위험이 존재한다. 또한 통신 상황에 따라 서비스를 안정적으로 이용하지 못할 수도 있다. 갑자기 데이터 전송속도가 느려지거나 급격한 지연(latency)이 발생할 수 있으며, 클라우드 서버에 문제가 발생하는 경우 원하는 서비스를 아예 이용하지 못할 수도 있다. 또한, 인공지능 서비스 이용료 외에 통신비도 추가로 지불해야 하며, 이 비용은 인공지능 서비스의 수준뿐만 아니라 서비스 사용량에 따라 크게 증가할 수도 있다.

하지만 온디바이스 AI는 다르다. 이는 AI 모델과 연산 능력이 스마트폰, 노트북, 스마트 스피커, 카메라, 로봇, 자율주행차 등 기기 자체에 내장되어 작동한다. 즉, 외부의 클라우드 서버에 의존하지 않고, 기기 스스로 데이터를 처리하고 판단을 내린다. 마치 내 스마트폰이나 냉장고 안에 작은 두뇌가 들어 있는 것과 같다.

그러나, 한 가지 오해하지 말아야 할 것이 있다. 모든 AI 관련 작업이 온디바이스로 이루어지는 것은 아니라는 점이다. 일반적으로 강력한 컴퓨팅 자원을 필요로 하는 인공지능 모델의 학습은 클라우드에서 이루어지며, 상대적으로 적은 컴퓨팅 파워가 필요한 추론 과정이 주로 온디바이스 형태로 구현된다. 물론, 온디바이스와 클라우드를 함께 사용하는 하이브리드 기법도 많이 이용된다.

온디바이스 AI가 피지컬 AI의 엔진인 이유

피지컬 AI는 인공지능이 현실 세계에서 물리 현상을 이해하고 상호작용하며 자율적으로 학습하고 행동해야 한다. 이때 자동차나 로봇 같은 특정 사물은 현실 세계를 이해하고 자신이 수행해야 할 동작을 생성하고 목적을 달성하기 위한 가장 효과적인 방법을 찾아야 하는데, 통신이 제대로 되지 않아 어떻게 동작해야 할지 몰라 우물쭈물한다면 굳이 인공지능 서비스를 이용할 필요가 없을 것이다. 설상가상으로 누군가가 내 소유의 기기들이 동작하는 방식을 바탕으로 나에게 해가 되는 일을 저지를 수도 있다면, 아무도 인공지능 서비스를 이용하려 하지 않을 것이다. 이런 이유들로 인해 최근 온디바이스 AI

가 주목받고 있다.

온디바이스 AI가 피지컬 AI의 핵심 엔진 역할을 하는 이유는 여러 가지다. 그중에서 첫째 이유는 바로 저지연성 때문이다. 즉, 어떤 상황에서도 환경 변화에 즉각적으로 반응하는 것이 가능하다. 피지컬 AI는 현실에서 지금 바로 판단하고 행동해야 하는데, 이걸 가능하게 해 준다. 예를 들어, 자율주행차가 갑자기 튀어나온 보행자를 인식했을 때, 이 정보를 클라우드 서버까지 보냈다가 '멈춰라'라는 명령을 받는 데 0.2초의 지연이 발생했다고 가정해 보자. 시속 60km로 주행하는 차는 이 짧은 시간 동안에도 약 3.3미터를 주행할 수 있으며, 급박한 상황에서는 사고로 이어질 수도 있다. 반면, 온디바이스 AI 기반의 자율주행차는 차량 내에서 즉시 데이터를 처리하므로 지연 시간 없이 빠르고 정확하게 반응하여 불의의 사고를 피할 수 있게 된다.

온디바이스 AI가 피지컬 AI의 핵심 엔진 역할을 하는 둘째 이유는 온디바이스 AI가 개인정보 보호 및 보안 강화에 유리하기 때문이다. 스마트홈 기기, 웨어러블 건강 기기, 개인용 로봇 등은 우리의 일상생활과 매우 밀접한 민감 정보(음성, 영상, 생체 데이터, 위치 정보, 금융 정보 등)를 다룬다. 이 모든 데이터를 클라우드로 전송한다면 해킹이나 유출의 위험이 커질 수밖에 없다. 익명화를 하거나 가명화 처리를 통해 프라이버시를 보호할 수도 있지만, 다른 정보(배경 지식)와 결합될 경우 특정 개인을 다시 식별하는 것이 얼마든지 가능하기 때문이다.

반면 온디바이스 AI는 데이터를 기기 안에서 저장, 처리, 분석하므로, 민감한 개인정보가 외부로 나갈 필요가 없어 개인정보 보호 측면에서 훨씬 유리하다. 스마트폰에서 사용자의 지문이나 얼굴 등 생체 정보를 단말기에 저장하고 처리하는 것도 이 때문이다. 애플의 홈팟이나 홈팟 미니, 소노스의 스피커들이 일부 음성 명령을 기기 자체에서 처리하는 이유도 바로 이 두 가지 이유 때문이다.

셋째 이유는 안정성이다. 클라우드 기반 인공지능 서비스는 인터넷 연결이 필수적이지만, 피지컬 AI는 통신 환경이 불안정하거나 아예 인터넷에 연결되지 않는 환경에서도 작동해야 한다. 우리나라에서는 이런 상황을 거의 상상할 수 없지만, 이동통신 서비스가 제대로 제공되지 않는 험한 산악 지역이나 도심 항공 모빌리티(UAM) 서비스용 수직 이착륙기(VTOL) 혹은 지하 터널이나 외딴 농장 등에서도 안정적으로 작동해야 한다. 온디바이스 AI는 네트워크 연결 없이도 기기 스스로 독립적으로 작동할 수 있게 하여, 즉 네트워크 의존성을 줄임으로써 언제 어디서든 안정적인 서비스를 제공할 수 있도록 돕는다.

넷째 이유는 전력 및 자원 효율성이다. 방대한 데이터를 클라우드로 주고받는 과정에는 많은 전력과 네트워크 자원이 소모된다. 온디바이스 AI는 필요한 데이터만 처리하거나, 아예 기기 내에서 모든 연산을 마치기 때문에 전력 소모를 줄이고 자원을 효율적으로 사용할 수 있다. 상황과 사용하는 AI 모델, 네트워크 환경 등에 따라 차이가 있겠지만, AI 스마트폰에서 온디바이스로 특정 태스크를 처리하는 경우의 전력 소모량은 관련 데이터를 클라우드로 보내는 경우에 비해 많게는 1/10에서 적게는 1/1000의 전력만 소모하는 것으로 알려져 있다. 이는 배터리 구동이 필요한 소형 기기나 전력 공급이 제한적인 환경에서 특히 중요하다.

이 외에 어떤 이유로든 인터넷을 이용하지 않는 사람들을 위해서도 필요하다. 단적인 예가 70대 이상의 어르신들인데, 과학기술정보통신부의 '2024년 인터넷 이용실태 조사' 자료에 따르면, 2024년 기준 70대 이상의 인터넷 이용률은 고작 68.0%에 불과하다. 2020년의 40.3%에 비해 많이 높아진 수치지만, 여전히 인터넷 이용에 어려움을 느끼거나 통신비 부담을 느끼는 어르신들은 인터넷 서비스를 이용하지 않고 있다. 물론 온디바이스 AI가 인터넷 서비스를 대신할 수는 없지만, 제한적인 범위에서는 인공지능 서비스를 제공할 수 있기 때문에 소외 계층의 인공지능 서비스에 대한 접근성을 개선한다는 측면에서도 중요하다. 이러한 이유로 정보통신산업진흥원(NIPA)이 주관하는 '2024년 지능형 홈서비스 실증 · 확산 사업'도 온디바이스 AI 기술의 사용을 전제로 하고 있다.

온디바이스 AI의 작동 방식: 똑똑함의 비결

온디바이스 AI가 클라우드의 거대한 인공지능만큼 똑똑하게 작동하려면 몇 가지 핵심적인 기술적 비결이 필요하다. 그중 대표적인 것이 AI 모델의 경량화와 전용 하드웨어의 이용, 그리고 하드웨어 성능을 100% 활용할 수 있도록 효율적으로 소프트웨어를 설계하는 것이다.

우선, AI 모델의 경량화(Model Optimization)부터 살펴보자. 클라우드 AI 모델은 매우 크고 복잡하지만, 온디바이스 AI는 연산 능력, 메모리, 배터리 등 제한된 기기 자원 내에서 효율적으로 작동해야 한다. 이를 위해 AI 모델의 크기를 줄이고 연산 속도를 높이는 경량화 기술이 필수적이다.

AI 모델의 경량화 방법에는 모델 압축(model compression), 양자화(quantization), 가지치기(pruning), 지식 증류(knowledge distillation) 등이 있는데, 마치 필요할지도 모르는 모든 짐들을 무겁게 들고 다니는 대신 꼭 필요한 물건만 챙겨서 가볍게 움직이는 것과 비슷한 원리다.

이 중에서 가지치기는 말 그대로 AI 모델의 성능에 큰 영향을 주지 않는 중요하지 않은 연결(가중치)을 잘라내는 기법이다. 마치 나무를 가지치기하듯 불필요한 부분을 제거함으로써 모델을 가볍게 만든다. 이에 비해, 양자화는 AI 연산에 사용되는 데이터의 정밀도를 낮추는 방법이다. 예를 들어, 32비트 부동소수점으로 표현되던 데이터를 8비트 정수형으로 바꿔 데이터 크기를 1/4로 줄이는 방식이다. 통상적으로 정밀도는 1~5% 미만 하락하는 반면, 속도는 2배에서 4배 정도 향상되는 것을 목표로 한다.

AI 모델 경량화 다음으로, 전용 하드웨어 가속기(hardware accelerator)의 역할이 중요하다. CPU(중앙처리장치)만으로는 AI 연산을 효율적으로 처리하기 어렵기 때문에, 기기 내에 AI 연산에 특화된 전용 하드웨어 칩, 즉 NPU(Neural Processing Unit, 신경망 처리 장치)

나 소형 GPU(Graphics Processing Unit)가 탑재된다. 이 칩들은 AI 연산을 빠르게 병렬 처리해 온디바이스 AI의 성능을 극대화한다. 특히, 특정한 태스크에 특화된 NPU는 GPU 대비 가격도 저렴하며 전력 소모량까지 낮춰 GPU를 사용하는 경우 대비 전성비(전력 대비 성능 비율)를 20배까지 높이기도 한다.

대표적인 NPU 제품에는 애플의 뉴럴 엔진을 이용하는 M4 칩, 텐서플로(TensorFlow) 같은 구글의 AI 프레임워크에 최적화된 구글의 텐서(Tensor) 칩, 스마트폰 AP로 잘 알려진 스냅드래곤에 통합된 퀄컴의 헥사곤 NPU(Hexagon NPU), 인텔의 AI 부스트(AI Boost) 등이 있다. 이 외에 GPU로 잘 알려진 엔비디아의 텐서 코어(Tensor Core), 이스라엘의 헤일로(Hailo) 등이 유명하다. 국내에는 딥엑스(DeepX), 모빌린트(Mobilint)가 디바이스급 NPU를 개발 및 공급하고 있으며, 사피온, 리벨리온, 퓨리오사 등이 에지급 NPU를 개발 · 공급하고 있다.

이 외에 효율적인 소프트웨어 프레임워크도 온디바이스 AI의 성능을 좌우한다. 기기 내에서 AI 모델이 효율적으로 구동될 수 있도록 돕는 소프트웨어 개발 도구(프레임워크)들은 제한된 자원에서도 AI 모델이 최적의 성능을 낼 수 있도록 설계된다. 예를 들면, AI 모델을 특정 NPU에 맞춰 가장 효율적인 코드로 변환하는 컴파일러 최적화 기술이나 AI 모델을 iOS나 안드로이드 같은 모바일 운영체제에 최적화시키는 운영체제 최적화 등이 이에 해당한다.

온디바이스 AI를 더욱 유용하게 만드는 새로운 구조와 기술

앞에서 온디바이스 AI는 주로 AI 모델의 학습보다는 추론에 적합하다고 했다. 하지만 필요에 따라서는 기기 자체의 성능 향상을 넘어 다른 AI 구조 및 기술과 결합해 더욱 강력하고 유연한 피지컬 AI 환경을 조성할 필요가 있다. 이때 흔히 활용되는 것이 바로 하이브리드 AI(Hybrid AI) 구조다.

하이브리드 AI는 온디바이스 AI의 장점과 클라우드 AI의 장점을 결합한 형태를 말한다. 모든 데이터를 클라우드로 보내는 대신, 민감하거나 즉각적인 처리가 필요한 데이터는 기기 자체에서 온디바이스로 처리하고, 방대한 양의 데이터 학습이나 복잡한 연산, 또는 장기적인 분석이 필요한 경우에는 클라우드의 강력한 AI를 활용한다. 예를 들어 스마트 카메라가 사람의 움직임을 실시간으로 감지하고 얼굴을 인식하는 것은 온디바이스 AI가 수행하지만, 이 사람의 행동 패턴을 분석해 장기적으로 이상 징후를 예측하거나, 수많은 카메라의 데이터를 통합 분석해 도시 전체의 안전을 관리하는 것은 클라우드에서 처리한다. 이러한 하이브리드 구조는 온디바이스 AI와 클라우드 AI 방식의 강점을 최대한 활용해 효율성과 보안, 그리고 성능의 균형을 맞추는 데 유용하다.

하이브리드 AI 구조를 사용하는 대표적인 서비스가 애플의 개인화된 AI 시스템 브랜드인 '애플 인텔리전스(Apple Intelligence)'다. 애플은 빠른 처리와 사용자의 프라이버시 보호를 위해 아이폰, 아이패드, 맥 등에 약 30억 파라미터 규모의 경량화된 언어모델(sLM)을 탑재하고 있다. 이 모델은 메시지 요약, 스마트 응답, 간단한 글쓰기 보조, 사진 속 특정 요소 찾기 등 비교적 가벼운 연산을 기기 내에서 즉시 처리한다. 반면, 긴 이메일이나 웹 페이지의 요약, 대규모 문서 분석, 고급 이미지 처리 같은 복잡한 작업은 클라우드에서 처리된다. 이런 작업들은 클라우드에서 처리됨에도 불구하고 '프라이빗 클라우드 컴퓨트(Private Cloud Compute)'라는 방식을 통해 외부 접근이나 로그 저장을 차단해 사용자가 안심하고 서비스를 이용할 수 있도록 하고 있다.

또한, 연합 학습(Federated Learning)은 온디바이스 AI가 가진 데이터 프라이버시 보호의 강점을 극대화하면서 AI 모델의 학습 능력을 향상시키는 혁신적인 기술이다. 일반적인 AI 학습은 모든 사용자 데이터를 한곳에 모아 중앙 서버에서 학습시키는 방식이다. 하지만 연합 학습은 다르다. 각 기기(스마트폰, 웨어러블 기기 등)가 사용자 데이터를 외부에 노출하지 않고 기기 자체에서 AI 모델을 학습시킨 후, 학습된 결괏값인 모델 업데이트 정보만 중앙 서버로 보낸다.

중앙 서버는 여러 기기에서 받은 모델 업데이트 정보를 취합해 글로벌 AI 모델(Global AI Model)을 개선하고, 다시 개선된 모델을 각 기기로 배포한다. 이 과정에서 개별 사용자 데이터는 기기를 떠나지 않기 때문에 개인정보 유출 위험을 원천적으로 차단하면서도, 다양한 기기의 데이터를 활용해 AI 모델의 정확도를 높일 수 있다. 동시에 모든 사용자에 대해 사용자 맞춤형 서비스를 제공하는 것도 가능해진다.

구글의 '지보드(Gboard)' 같은 스마트폰의 예측 키보드 기능이 대표적인데, 수많은 사용자의 입력 습관을 연합 학습으로 학습하여 개인화된 예측 기능을 제공하지만, 사용자의 실제 타이핑 내용은 클라우드로 전송되지 않는다. 스마트폰 검색을 예로 들면, 평소 드라마와 관련된 검색을 많이 한 아내의 경우 '김ㅌ'만 입력해도 배우 '김태리'를 추천해 주는 반면, 야구 관련 검색을 많이 하는 내가 '김ㅌ'을 입력하면 한화 이글스의 '김태연' 선수를 추천해 주는 식이다.

사용자 맞춤형 스마트홈 서비스를 제안해 주는 아마존의 '예감(hunches)' 서비스처럼, 사용자 댁내에서 발생하는 다양한 스마트홈 이용 데이터를 연합 학습으로 학습해 개인의 프라이버시는 보호하면서도 사용자별로 개인화된 서비스를 추천하는 데에도 사용될 것으로 전망된다. 예를 들면, 가족 중에서 내가 제일 먼저 집에 도착하는 경우 현관 앞에 있는 내 방의 조명을 켜 주지만, 아내가 먼저 도착하는 경우 거실 조명을 켜고 TV를 켠 후 드라마 채널을 보여 주는 식이다. 아마존의 예감 서비스는 아직 연합 학습을 이용하지 않지만, 클라우드를 통해 모든 사용자의 데이터를 수집한 후 사용자 맞춤형 서비스를 제공한다. 이처럼 연합 학습은 온디바이스 AI가 독립성을 유지하면서도 집단 지성을 통해 더욱 똑똑해질 수 있도록 돕는 핵심 기술이다.

온디바이스 AI의 적용 사례

온디바이스 AI는 이미 우리 주변의 다양한 기기에서 사용되며 피지컬 AI를 구현하고 있다. 스마트폰이 대표적인데, 화면 잠금 해제를 위해 사용되는 얼굴 인식이나 지문 인식에서부터 사진 속 얼굴 인식, 실시간 번역, 음성 비서(시리, 빅스비), 키보드 자동 완성 등 많은 기능이 온디바이스 AI로 처리된다. 시나브로 사용자가 빠르게 정보를 얻고 편리한 기능을 제공하며 자연스럽게 스마트폰과 상호작용할 수 있게 하는 중요한 수단이 되고 있다. 최근 출시되는 AI 노트북도 스마트폰과 비슷하다고 볼 수 있다.

스마트 스피커도 제한적으로 사용자의 얼굴이나 목소리 인식, 혹은 얼굴 방향, 동작 인식 등에 온디바이스 AI 기능을 사용한다. 아직까지 사용자의 음성 명령에 대한 답변은 클라우드에서 처리되지만, '헤이 구글' 또는 '하이 빅스비' 같은 호출어의 인식이나 얼굴이나 목소리 분석을 통한 사용자 인식은 스마트 스피커에 내장된 뉴럴 프로세서를 이용해 처리한다. 또한, 카메라가 내장된 일부 스마트 스피커의 경우 사용자의 얼굴 방향이나 특정한 손동작을 인식해 해당 동작에 할당된 서비스를 호출하기도 한다. 예를 들면, 구글의 네스트 허브는 사용자

얼굴이 스피커를 향하는 경우 호출어 없이도 음성 명령을 내릴 수 있다.

최근 많이 보급되고 있는 스마트 카메라(CCTV)는 카메라에 NPU를 내장하여 얼굴 인식, 동작 감지, 특정 객체 분류 등을 PVR 장치가 아닌 카메라 자체에서 처리해 보안 기능을 강화하거나 실시간 분석을 가능하게 한다. 특히 쇼핑몰에 사용되는 스마트 카메라의 경우, 보안 목적으로 이용될 뿐만 아니라 매장의 방문자 수, 방문자의 동선 및 체류 시간, 인구통계학적 분석 등을 수행하고 이를 바탕으로 판매율을 높일 수 있는 방법을 제안해 주기도 한다. 특히, 이렇게 분석된 결과를 서비스 형태로 제공해서 이용 부담을 낮춤으로써, 인공지능 기반의 매장용 CCTV 솔루션의 보급을 확산시키고 있다.

이 외에도 냉장고, TV, 세탁기, 청소기, 에어컨과 같은 최신 AI 가전제품에도 기기 특성에 맞는 온디바이스 AI가 탑재되고 있다. AI 냉장고는 AI 비전 기술을 바탕으로 식재료를 자동으로 인식하고 관리하거나 냉장고에 있는 재료들을 바탕으로 만들 수 있는 요리를 추천해 주기도 하며 필요한 식재료를 자동으로 주문하기도 한다. AI TV는 흐릿한 화질을 자동으로 선명하게 보정해 주기도 하며, 시청하는 콘텐츠의 자막을 사용자가 원하는 언어로 실시간 번역해 주기도 한다. AI 로봇청소기는 방바닥에 놓여 있는 양말이나 걸레, 전선 등을 인식해 걸림 없이 청소를 할 수 있게 한다. 청소기로 흡입할 수 없는 쓰레기의 경우 로봇팔을 이용해 처리하거나, 5cm 이하의 문턱을 인식해 걸림 없이 공간을 이동하며 청소를 하기도 한다.

이 외에 자율주행차는 말할 것도 없고, 공장에서 사용되는 제조 로봇이나 운반용 로봇에도 온디바이스 AI 기술이 적용되고 있다. 이들은 실시간으로 생산 라인의 제품 불량을 감지하며 주변 장애물을 피해 가며 원재료나 완성품을 목적지까지 운반하기도 한다. 아직 시험적으로 적용되는 단계이지만, 배송용 로봇이나 드론에도 다양한 형태의 AI 기술이 온디바이스로 적용되고 있다.

지금까지 살펴본 것처럼, 온디바이스 AI는 피지컬 AI가 현실 세계에서 빠르고 안전하며, 개인정보를 보호하면서 작동할 수 있도록 하는 핵심적인 기술이다. 하이브리드 AI 구조와 연합 학습 같은 기술들을 통해 온디바이스 AI는 더욱 강력하고 유연한 형태로 발전하고 있으며, 앞으로 더욱 많은 사물들이 온디바이스 AI를 탑재하면서 우리는 물리적인 세상이 점차 더 똑똑하고 자율적으로 변화하는 것을 경험하게 될 것이다.

03
데이터가 현장에서 답을 찾다, 에지 컴퓨팅

우리가 사용하는 많은 인공지능 서비스는 인터넷을 통해 거대한 클라우드 서버에 접속해서 작동한다. 이는 마치 중앙 본부에 모든 정보가 모여 처리된 후 각 지점으로 다시 전달되는 것과 같다. 하지만 피지컬 AI는 현실 세계에서 즉각적으로 반응하고 움직여야 하기 때문에, 데이터를 멀리 떨어진 클라우드까지 보냈다가 다시 받아오는 방식으로는 속도와 효율성 면에서 심각한 한계에 부딪힌다. 이때 필요한 것이 바로 에지 컴퓨팅이다.

인공지능과 편향?

에지 컴퓨팅이란 무엇인가?

에지 컴퓨팅은 데이터를 중앙 집중식 클라우드 서버로 보내지 않고, 데이터가 생성되는 물리적 위치 또는 그와 가까운 곳에서 직접 처리하는 분산 컴퓨팅 패러다임이다. 네트워크의 가장자리, 즉 사용자나 데이터 소스에 가장 가까운 지점을 '에지(Edge)'라고 부르는데, 이는 대규모 중앙 서버를 '코어(Core)'라고 부르는 것과 대비되는 개념이다.

에지 컴퓨팅은 클라우드 컴퓨팅이 가진 한계를 극복하며 새로운 가능성을 제시한다. 첫째, 데이터를 먼 클라우드로 전송하고 응답을 받을 필요가 없어 지연 시간(Latency)이 거의 없기 때문에 실시간 처리가 필수적인 자율주행차의 장애물 감지나 산업 로봇의 긴급 제어에 매우 유용하다. 둘째, 민감한 데이터가 외부 네트워크로 전송되지 않고 로컬에서 처리되기 때문에 보안성 및 개인정보 보호를 강화할 수 있다. 셋째, 모든 데이터를 클라우드로 보내지 않아 네트워크 트래픽 부담을 획기적으로 줄여, IoT 기기가 폭발적으로 늘어나는 환경에서 네트워크의 안정성을 높여 준다. 마지막으로, 네트워크 연결이 불안정하거나 끊기더라도 에지 기기 자체적으로 데이터 처리와 의사 결정을 내릴 수 있어 시스템의 자율성이 향상된다.

특징만 보면 에지 컴퓨팅은 앞에서 살펴본 온디바이스 AI와 거의 동일한 것처럼 보인다. 에지 컴퓨팅과 온디바이스 AI는 모두 분산 처리라는 공통점을 가지고 있어 종종 혼용되기도 하지만, 그 범위와 개념에는 차이가 있다. 예를 들면, 에지 컴퓨팅이나 온디바이스 AI 모두 중앙 클라우드 서버의 의존도를 낮추고 데이터 소스에 가까운 곳에서 연산을 수행한다는 공통점을 가지고 있다. 둘 다 실시간성과 개인정보 보호를 중요하게 생각하며 네트워크 효율을 높이는 데 기여한다.

하지만 에지 컴퓨팅과 온디바이스 AI는 데이터의 처리 주체의 범위에서 큰 차이가 있다. 온디바이스 AI는 스마트폰, 스피커, 카메라와 같은 단일 기기 내에서 AI 연산을 수행하는 것에 한정되는 반면, 에지 컴퓨팅은 이러한 개별 기기뿐만 아니라 여러 센서나 카메라의 데이터를 한곳에 모아 로컬 서버나 허브에서 처리하는 것까지 포함한다. 즉, 온디바이스 AI는 에지 컴퓨팅이라는 더 큰 범주에 속하는 한 형태라고 볼 수 있다.

에지 컴퓨팅이 피지컬 AI에 필수적인 이유

에지 컴퓨팅도 피지컬 AI를 구현하는 데 필수적이다. 피지컬 AI는 물리적 형태를 가지고 현실 세계와 직접 상호작용하므로, 아주 짧은 지연도 치명적인 결과를 초래할 수 있기 때문이다. 피지컬 AI가 현실 세계에서 효과적으로 작동하기 위해서 에지 컴퓨팅이 필수적인 이유를 간단히 살펴보자.

첫째, 에지 컴퓨팅은 즉각적인 반응(저지연성)을 보장한다. 피지컬 AI는 현실에서 지금 바로 판단하고 행동해야 한다. 예를 들어, 자율주행차가 고속으로 주행하다가 갑자기 나타난 장애물을 피하거나, 산업용 로봇이 컨베이어 벨트 위의 불량품을 즉시 감지해 제거해야 하는 상황을 상상해 보라. 이러한 상황에서 데이터를 클라우드까지 보내고 다시 결과를 받아오기까지의 짧은 지연 시간도 치명적인 사고나 막대한 손실로 이어질 수 있다. 에지 컴퓨팅은 데이터가 현장에서 실시간으로 처리되므로, 인공지능이 지연 없이 즉각적으로 판단하고 행동할 수 있게 해 준다.

둘째, 네트워크 부담을 크게 감소시킨다. 피지컬 AI 기기들은 끊임없이 엄청난 양의 데이터를 쏟아 낸다. 고해상도 카메라, 라이다, 레이더 등 수많은 센서에서 발생하는 데이터는 매초 수 기가바이트(GB)에 달할 수 있다. 예를 들면, 자율주행 자동차가 1시간 운행 시 생성하는 데이터의 양은 약 4TB에서 (레벨 4~5의 경우) 19TB에 달한다고 한다. 이는 초당 1.1GB~5GB 이상의 데이터가 생성되는 것이다.

이러한 방대한 데이터를 모두 클라우드로 전송한다면 네트워크 인프라에 엄청난 부하가 걸리고, 통신 비용도 기하급수적으로 증가할 것이다. 에지 컴퓨팅은 필요한 데이터만 선별적으로 클라우드로 보내거나, 아예 현장에서 모든 처리를 마치기 때문에 네트워크 트래픽을 크게 줄여 줄 수 있다. 이를 통해 클라우드와 에지 간의 데이터 분배를 효율화함으로써 전체 시스템의 안정성과 경제성을 높인다.

셋째, 개인정보 보호 및 보안을 강화한다. 우리의 집 안에서 작동하는 스마트 스피커, 개인용 로봇, 혹은 스마트 빌딩의 CCTV 시스템이 수집하는 음성, 영상 정보는 매우 민감한 개인정보다. 이 모든 데이터를 클라우드로 전송해 중앙 집중식으로 관리한다면 해킹이나 유출의 위험이 커질 수밖에 없다. 에지 컴퓨팅은 민감한 데이터를 기기 안에서 처리하고 분석하므로, 이러한 정보가 외부 네트워크로 나갈 필요가 없어 개인정보 유출 위험을 최소화한다. 또한, 분산된 에지 노드에서 데이터가 처리되므로, 한 곳이 공격받더라도 전체 시스템의 보안에 미치는 영향이 줄어드는 장점도 있다.

넷째, 연결 안정성을 보장한다. 에지 컴퓨팅은 네트워크 연결 없이도 기기 스스로 작동할 수 있게 하여, 언제 어디서든 안정적이고 끊김 없는 서비스를 제공할 수 있도록 돕는다. 이는 재난 상황이나 통신 인프라가 취약한 지역에서 피지컬 AI의 활용성을 크게 높일 것이다.

에지 컴퓨팅의 작동 방식과 구성

온디바이스 AI가 하나의 기기에서 구현되는 것과 달리, 에지 컴퓨팅 환경은 에지 디바이스, 에지 서버 혹은 에지 게이트웨이와 같은 여러 요소가 유기적으로 연결된 분산 지능 아키텍처를 통해 구현된다.

먼저 에지 디바이스(Edge Devices)는 데이터를 직접 생성하고 일부를 1차적으로 처리하는 현장의 가장 최전선 기기들이다. 스마트폰, 스마트워치, CCTV 카메라, 산업용 센서, 로봇, 자율주행차, 드론 등이 여기에 해당하는데, 온디바이스 AI 기기와 같은 개념이다. 이 기기들은 종종 전력이나 연산 능력에 제한이 있지만, 데이터를 가장 빠르게 얻고 기본적인 판단을 내릴 수 있다. 예를 들어, 스마트폰은 음성 인식이나 안면 인식 같은 작업을 기기 자체에서 수행해 빠른 반응을 제공한다.

에지 서버/게이트웨이(Edge Server/Gateway)는 여러 에지 디바이스에서 수집된 데이터를 모아 더 복잡한 연산을 수행하고, 1차적으로 분석하는 역할을 한다. 클라우드 서버보다는 현장에 가깝지만, 개별 에지 디바이스보다는 더 강력한 연산 능력과 저장 공간을 가진다.

공장 내부의 소규모 서버, 스마트 빌딩의 제어 장치, 또는 통신 기지국의 소형 데이터 센터 등이 이에 해당할 수 있다. 아직은 일반적이지 않지만, 각 가정마다 스마트홈 허브 기능과 AI 서버, NAS(Network Attached Storage) 서버 기능을 함께 수행하는 소형 에지 허브 장치도 사용될 것으로 전망된다.

스마트 글래스나 스마트 이어폰처럼 스마트폰에 연결되어 AI 기능을 제공하는 경우, 앞에서 에지 디바이스로 분류했던 스마트폰은 에지 서버의 역할을 할 수도 있다. 이들은 에지 디바이스와 클라우드 사이의 중재자 역할을 하며, 데이터를 필터링하고 압축해 클라우드로 전송하거나, 클라우드의 지시를 에지 디바이스에 전달하는 역할을 수행한다.

이러한 요소들이 유기적으로 연결된 것이 바로 분산 지능 아키텍처(Distributed Intelligence Architecture)다. 피지컬 AI 시스템은 하나의 중앙 서버에 모든 지능이 모여 있는 것이 아니라, 여러 에지 디바이스와 에지 서버에 지능이 분산되어 있다. 각 기기나 서버는 자신의 역할과 처리 능력에 맞는 데이터를 처리하고, 필요한 경우 서로 통신하거나 클라우드와 정보를 주고받으며 전체 시스템의 효율성을 높인다. 예를 들어, 자율주행차의 경우 차량 자체의 AI(에지 디바이스)가 즉각적인 주행 판단을 내리지만, 차량들이 서로 교통 정보를 주고받거나(에지 간 통신), 고정밀 지도 업데이트를 클라우드에서 받아오는(클라우드 연동) 방식으로 상호 보완한다. 이런 관점에서 에지 컴퓨팅은 하이브리드 방식으로 동작한다고도 할 수 있다.

에지 컴퓨팅의 적용 사례

에지 컴퓨팅은 이미 우리 주변에서 다양한 피지컬 AI 시스템을 가능하게 하고 있으며, 그 활용 범위는 빠르게 넓어지고 있다.

스마트팩토리는 에지 컴퓨팅의 가장 대표적인 적용 사례 중 하나다. 공장 라인에 설치된 AI 카메라가 생산되는 제품의 불량을 실시간으로 감지하고, 이상이 있으면 즉시 생산을 중단하거나 로봇이 불량품을 제거한다. 이 모든 과정이 공장 내부의 에지 서버에서 처리되므로, 클라우드 연결 없이도 빠르고 효율적인 생산이 가능하다. 또한 기계와 관련된 센서 데이터가 에지에서 분석되어 장비의 고장을 예측하는 '예지 보전(Predictive Maintenance)' 기능을 수행해 생산 라인의 다운타임을 최소화하고 유지 보수 비용을 절감한다.

자율주행차는 움직이는 에지 컴퓨팅의 결정체라고 할 수 있다. 차량에 탑재된 수많은 센서(카메라, 라이다, 레이더 등)가 수집하는 방대한 도로 정보는 테슬라의 HW4나 엔비디아의 엔비디아 드라이브(NVIDIA Drive) 같은 차량 내부의 고성능 컴퓨터(강력한 에지 디바이스)에서 실시간으로 분석된다. 이 정보를 바탕으로 차량은 주변 상황을 인지하고, 가속, 제동, 방향 전환과 같은 다음 행동을 즉시 결정해 안전하게 주행한다. 만약 이 데이터를 모두 클라우드로 보낸다면 현재의 자율주행은 불가능할 것이다.

스마트 리테일(Smart Retail) 분야에서도 에지 컴퓨팅이 활용된다. 매장 내 카메라가 고객의 동선을 분석하거나, 진열된 상품의 재고를 실시간으로 파악한다. 일반적으로 NPU가 탑재된 카메라는 동시에 여러 고객의 성별, 나이와 같은 인구통계학적 정보를 추론하고 매장 내의 동선이나 체류 시간을 계산한 후 매장 내 에지 서버로 전송한다. 이 데이터는 에지 서버에서 처리되어, 직원에게 실시간으로 정보를 제공하거나 상품 진열을 최적화하는 데 활용된다. 고객의 개인정보를 보호하면서도 신속하고 저렴하게 매장 운영의 효율성을 높이는 데 기여할 수 있다.

스마트시티는 에지 컴퓨팅의 대규모 적용 사례다. 도시 곳곳에 설치된 스마트 센서와 카메라가 교통량, 대기질, 유동 인구 등을 실시간으로 모니터링하며, 이 데이터는 각 지역의 에지 서버에서 1차적으로 처리되어 교통 신호 제어, 환경 오염 감지, 공공 안전 시스템 등에 즉시 반영된다. 예를 들어, 특정 교차로의 에지 서버는 교통 체증을 감지하고 해당 지역의 신호등을 실시간으로 조절해 교통 흐름을 원활하게 한다.

의료 및 헬스케어 분야에서도 에지 컴퓨팅의 중요성이 커지고 있다. 웨어러블 기기가 수집하는 환자의 생체 데이터는 기기 자체(온디바이스 혹은 에지 디바이스)에서 1차적으로 분석되어 이상 징후를 즉시 감지한다. 이 민감한 개인 의료 정보는 클라우드로 직접 전송되기보다, 필요에 따라 에지 서버에서 추가 분석되거나 암호화되어 클라우드로 보내지므로 프라이버시를 더욱 강력하게 보호한다.

매터(Matter) 표준 기반의 스마트홈 전문 기업인 ㈜와츠매터가 정보통신산업진흥원(NIPA)의 '2024년 지능형 홈서비스 실증 · 확산 사업'의 일환으로 개발하고 있는 온디바이스 AI 에지 허브는 향후 지능형 홈 분야에 확산 적용될 것으로 보인다. 인터넷 연결 없이도 경량형 생성형 AI를 이용해 사용자와 상호작용할 수 있으며, 돌봄 인형인 효돌에 내장된 카메라로 촬영한 영상을 딥엑스의 NPU를 이용해 처리함으로써 복약 안내나 감성 대화는 물론 지능형 스마트홈 기기 제어 등 다양한 지능형 홈서비스를 제공할 수 있다. 매터(Matter) 표준은 아마존, 애플, 구글, 삼성전자 등 글로벌 빅테크 기업들이 주도하는 글로벌 스마트홈 및 IoT 연동 표준으로 최근 스마트홈 분야의 핵심 기술로 주목받고 있다. 와츠매터는 삼성전자와 LG전자를 제외하고 국내에서 가장 많은 매터 인증 기기를 보유 및 유통하고 있다.

에지 컴퓨팅의 미래와 도전 과제

에지 컴퓨팅은 피지컬 AI의 발전에서 핵심적인 역할을 계속할 것이다. 앞으로는 더욱 소형화되고 강력한 에지 디바이스들이 등장할 것이며, 에지 서버의 역할은 더욱 중요해져서 클라우드와 에지 사이의 연계가 더욱 강화될 것이다. 궁극적으로는 클라우드, 에지, 기기가 유기적으로 연결된 지능형 네트워크가 구축될 것으로 예상된다.

하지만 에지 컴퓨팅에도 도전 과제는 있다. 제한된 자원(전력, 연산 능력, 메모리)을 가진 에지 디바이스에서 고성능 AI 모델을 효율적으로 구동하는 것은 여전히 어려운 문제이기 때문이다. 또한, 서로 다른 브랜드에서 만들어진 수많은 에지 디바이스와 서버를 관리하고 보안을 유지하는 것도 복잡한 과제다. 일반 사용자들이 수많은 디바이스를 서버에 연결하고 자신이 원하는 서비스를 구동시키는 것은 생각보다 쉽지 않기 때문이다. 마지막으로, 에지에서 처리된 데이터와 클라우드에서 처리된 데이터 간의 일관성을 유지하고, 데이터의 흐름을 최적화하는 기술적 난제도 해결해야 할 부분이다.

온디바이스 AI 기술과 마찬가지로 에지 AI 기술도 피지컬 AI가 현실 세계에서 유연하고, 빠르며, 안전하게 작동할 수 있도록 만드는 핵심적인 기술 기반이다. 인공지능이 데이터가 생성되는 바로 그곳에서 생각하고 행동함으로써, 우리는 더욱 지능적이고 자율적인 피지컬 AI 시스템을 통해 편리하고 안전한 삶을 경험하게 될 것이다. 이러한 혁신은 단순한 기술적 진보를 넘어, 우리의 일상과 산업, 사회 전반의 모습을 근본적으로 변화시킬 것으로 확신한다.

04
피지컬 AI의 눈과 귀, 팔과 다리

우리가 세상을 인지하고 행동하는 데 가장 기본적인 요소는 바로 보고, 듣고, 만지고, 움직이는 능력일 것이다. 마찬가지로 피지컬 AI가 우리 주변의 세상을 이해하고 물리적으로 상호작용하려면, 사람처럼 주변 환경을 인지하고 그에 따라 움직이거나 반응하는 능력이 필수적이다. 이 장에서는 피지컬 AI에게 '눈과 귀' 역할을 하는 센싱 기술과, '팔과 다리' 역할을 하는 액추에이션(Actuation) 및 제어 시스템에 대해 자세히 알아보고자 한다.

청각장애인과 AI?

피지컬 AI의 눈과 귀: 센싱 기술

기존 인공지능 서비스가 인터넷 공간에서 수집된 데이터나 공장의 생산 라인과 같은 특정한 응용 분야에서 수집되는 데이터를 이용하는 것과 달리, 피지컬 AI는 다양한 센서를 통해 외부 환경에 대한 정보도 함께 수집한다. 이 정보는 인공지능이 상황을 판단하고 다음 행동을 결정하는 데 필수적인 데이터가 된다. 센서는 피지컬 AI가 주변 환경과 상호작용할 수 있도록 끊임없이 데이터를 감지하고 포착하는 역할을 수행하며, 이는 곧 인공지능의 지각 능력의 근간이 된다.

가장 먼저, 카메라 혹은 비전 센서(Vision Sensor)를 생각해 보자. 카메라 혹은 비전 센서는 피지컬 AI의 가장 기본이 되는 눈 역할을 한다. 카메라는 사물을 촬영할 뿐만 아니라 인공지능으로 하여금 사물의 형태, 색깔, 질감, 움직임, 주변 환경의 모습 등을 인식하고 분석할 수 있게 한다. 자율주행차가 도로의 표지판을 읽거나 신호등의 색깔을 파악하고 보행자를 감지하며, 로봇이 공장 내 물품의 종류를 구분하거나 불량품을 찾아내는 데에도 카메라가 핵심적인 역할을 한다. 고해상도 카메라와 인공지능 기반의 컴퓨터 비전 기술은 피지컬 AI가 인간의 시각 능력을 뛰어넘는 수준으로 정교하게 세상을 이해하도록 돕는다.

일반적인 2D 카메라 외에도 깊이를 감지하는 깊이 카메라(Depth Camera)는 사물까지의 거리를 정밀하게 측정해 3D 공간 정보를 얻을 수 있도록 한다. 예를 들어, ToF(Time-of-Flight) 센서는 빛이 반사되어 돌아오는 시간을 측정하고, 스트럭처드 라이트(Structured Light) 방식은 특정 패턴의 빛을 투사해 왜곡 정도를 분석해 깊이 정보를 얻는다. 넓은 시야각을 제공하는 어안 카메라(Fisheye Camera)는 로봇이나 자율주행차가 넓은 주변 환경을 한번에 파악하는 데 유용하다.

또한 라이다(LiDAR, Light Detection and Ranging)는 레이저를 발사해 돌아오는 시간을 측정함으로써 사물까지의 거리를 정밀하게 측정하는 센서다. 이 기술은 수많은 레이저 펄스를 발사해 주변 환경의 3D 지도를 생성하는데, 이런 점들이 모여 마치 구름처럼 보이는 데이터 덩어리를 형성하기 때문에 포인트 클라우드(Point Cloud) 데이터라고 부른다. 카메라와 달리 라이다는 어두운 환경이나 심지어 안개나 비 같은 악천후 속에서도 비교적 정확한 거리 정보를 제공한다는 강력한 장점이 있다.

자율주행차에 사용되는 라이다는 도로 위의 차량, 보행자, 건물, 나무 등 모든 객체의 위치와 형태를 정밀하게 파악해 동적인 3D 환경 지도를 실시간으로 구축하는 데 핵심적인 역할을 한다. 로봇이 복잡한 실내 환경에서 정확한 위치를 파악하고 장애물을 회피하며 이동하는 데도 라이다는 필수적인 센서로 활용된다. 마치 박쥐가 초음파로 주변을 인식하듯, 라이다는 레이저를 사용해 주변 공간을 입체적으로 스캔한다고 생각하면 된다.

레이더(RADAR, Radio Detection and Ranging)는 전파를 이용해 물체의 거리, 속도, 방향 등을 감지하는 센서다. 레이더는 라이다보다 먼 거리에서도 작동하고, 비나 눈, 안개와 같은 날씨의 영향도 덜 받는다는 특징이 있다. 주로 자동차의 충돌 방지 시스템, 차간 거리 유지 시스템(ACC, Adaptive Cruse Control), 사각지대 감지 시스템 등에 활용되어 주변 차량이나 보행자의 움직임을 예측하고 안전을 확보하는 데 사용된다. 드론에 장착된 레이더는 장애물 회피나 안정적인 고도 유지에 기여하며, 넓은 지역을 스캔해 지형 정보를 얻는 데도 사용될 수 있다.

레이더는 파장이 긴 전파를 사용하기 때문에 물체와의 거리와 속도를 측정하는 데는 매우 효과적이지만, 물체의 모양이나 크기를 정밀하게 측정하는 데는 한계가 있다. 따라서 최근에는 전파를 송수신하는 안테나를 수

평, 수직으로 배치해 물체의 대략적인 모양을 인식할 수 있도록 하는 4D 이미징 레이더와 같은 고성능 레이더를 이용하기도 한다.

레이더 센서가 물체의 모양이나 크기를 정밀하게 측정하는 데는 한계가 있지만, 아주 미세한 움직임을 감지하는 데는 탁월한 능력이 있다. 예를 들면 사람이 숨을 쉬고 있는지 아닌지를 확인할 수 있는데, 이런 특성을 이용한 mmWave 레이더 재실센서는 어떤 공간에 사람이 없을 때 불필요한 기기의 전원을 차단하는 데 사용되기도 한다.

초음파 센서(Ultrasonic Sensors)는 초음파를 발사하고 반사되어 돌아오는 시간을 측정해 거리를 감지한다. 비교적 저렴하고 간단하며, 짧은 거리 측정에 특히 유용하다는 장점이 있다. 주로 로봇청소기가 가구와의 거리를 측정해 충돌을 피하거나, 자동차의 주차 보조 시스템에서 후방 장애물을 감지하는 데 사용된다. 정밀도는 낮지만, 근거리 감지 및 장애물 감지에는 경제적이고 효과적인 솔루션이다.

마이크로폰 혹은 소리 센서(Audio Sensors)는 피지컬 AI의 귀 역할을 한다. 마이크로폰 혹은 소리 센서는 인공지능에게 소리를 통해 주변 환경을 인지하고, 음성 명령을 인식하거나, 비상벨이나 경고음 혹은 기계의 이상음과 같은 특정 소리를 감지해 상황을 판단할 수 있는 데이터를 제공한다. 스마트 스피커나 음성 인식 로봇의 핵심 센서이며, 공장에서는 기계의 비정상적인 소음을 감지해 고장을 예측하거나, 보안 시스템에서 침입 소리를 감지해 경고하는 데 활용될 수 있다. AI 기반의 음성 인식 및 음향 분석 기술이 접목되어 소리만으로도 복잡한 상황을 이해할 수 있는 능력을 갖추게 된다.

가속도계, 자이로스코프, 지자기 센서 등으로 구성되는 관성측정장치(IMU, Inertial Measurement Unit)는 로봇이나 드론의 자세, 움직임, 방향 등을 정확하게 파악하는 융합 센서 모듈이다. 가속도계는 선형적인 움직임과 중력을, 자이로스코프는 회전 움직임을, 지자기 센서는 지구 자기장을 이용해 방향을 측정한다. 이 정보를 통해 로봇은 균형을 잡고 안정적으로 움직이며, GPS 신호가 잡히지 않는 실내나 지하에서도 정밀한 위치를 추정하는 데 도움을 준다. 마치 사람의 균형 감각과 방향 감각을 담당하는 기관과 비슷하게 피지컬 AI의 안정적인 이동과 정밀한 동작 제어에 필수적인 역할을 한다.

또 하나 중요한 것이 촉각 센서(haptic sensor)다. 촉각 센서는 기계나 로봇이 사람처럼 촉감을 인지하고 반응하게 해 주는 핵심 장치로, 마치 사람의 피부와 같은 역할을 한다. 이 센서는 압력, 진동, 온도, 질감 등을 감지해 외부 자극을 디지털 신호로 변환한다. 로봇 손가락, 의수, 스마트 표면 등에 적용되어 정밀한 조작이나 안전한 상호작용을 가능하게 한다. 최근에는 유연하며 피부처럼 구부러지는 소프트 촉각 센서도 개발되어 다양한 환경에 적응하는 감각지능(Sensory Intelligence) 구현에 기여하고 있다. 감각지능은 여러 센서를 통해 수집된 데이터를 인간의 감각처럼 통합적으로 인식, 분석, 이해하고 의사 결정을 내리는 인공지능 기술을 말한다.

마지막으로, 압력/온도/습도/조도 등을 측정하는 환경 센서(Environmental Sensors)는 주변 환경의 압력, 온도, 습도, 조도 등을 감지해 피지컬 AI가 환경 변화에 반응하거나 특정 조건을 유지하도록 돕는다. 스마트 농장에서는 작물 생장에 필요한 최적의 온도와 습도를 감지하고 조절하는 데 활용되며, 스마트 빌딩 관리 시스템에서는 실내 환경을 쾌적하게 유지하고 에너지 소비를 최적화하는 데 근거가 되는 데이터를 제공한다. 이 외에도 가스 센서, 연기 감지 센서 등 특정 물질의 존재를 감지하는 다양한 환경 센서들이 피지컬 AI의 인지 능력을 확장하는 데 사용된다.

피지컬 AI의 팔과 다리: 액추에이션 및 제어 시스템

피지컬 AI가 센서를 통해 수집한 정보를 바탕으로 생각을 마쳤다면, 이제 그 생각을 행동으로 옮겨야 한다. 즉, 어떤 장치가 물리적 세계에서 움직이고 반응할 수 있도록 해 주어야 하는데, 이때 필요한 것이 바로 액추에이션(Actuation) 기술과 이를 정밀하게 조작하는 제어 시스템이다. 액추에이터는 로봇이나 장치가 움직일 수 있게 하는 근육 역할을 하며, 제어 시스템은 이러한 움직임을 정밀하게 조율해 마치 사람처럼 부드럽고 목적에 맞는 동작을 구현한다. 결국 이 두 요소는 인공지능이 디지털 지능을 넘어 물리적 실행력까지 갖추게 하는 기반이 된다.

가장 널리 사용되는 액추에이터는 모터(Motors)다. 모터에는 DC 모터, AC 모터, 스테핑 모터, 서보 모터 등 다양한 종류가 있으며, 각각의 특성에 따라 정밀한 각도 제어, 고속 회전, 강력한 토크(회전력) 등 다양한 움직임을 만들어 낸다. 로봇의 관절을 움직여 섬세한 작업을 수행하게 하거나, 로봇 바퀴를 회전시켜 이동하게 하고, 드론의 프로펠러를 돌려 비행하게 하는 등 피지컬 AI의 거의 모든 움직임에 모터가 관여한다. 모터의 종류와 제어 방식에 따라 로봇의 움직임이 얼마나 부드럽고 정교하며 강력한지가 결정된다.

유압/공기압 시스템(Hydraulic/Pneumatic Systems)은 압축된 유체(오일)나 공기를 이용해 강력한 힘을 발휘하는 액추에이터이다. 모터보다 더 큰 힘을 낼 수 있어 무거운 물건을 들거나 큰 힘이 필요한 산업용 로봇, 중장비, 건설 기계 등에 주로 사용된다. 예를 들어, 자동차 조립 라인의 거대한 로봇 팔이나 굴삭기 등이 유압 시스템을 활용한다. 따라서, 이 시스템은 강력한 힘을 정밀하게 제어할 수 있도록 설계된다.

그리퍼(Grippers)는 물건을 잡고 들어 올리는 로봇의 손 역할을 한다. 단순한 집게 형태부터 흡착식 그리퍼, 유연한 소재를 이용해 다양한 형태의 물건을 잡을 수 있는 소프트 그리퍼 등 물건의 크기, 형태, 재질에 맞춰 다양한 종류가 개발되고 있다. 그리퍼는 물체를 단단히 고정하는 동시에 섬세하게 다룰 수 있어야 하므로, 압력 및 촉각과 같은 센싱 기술과 정교한 제어 기술이 함께 요구된다. 예를 들어, 깨지기 쉬운 계란을 집거나, 조립 라인에서 미세한 부품을 다루는 데에는 특화된 그리퍼들이 사용된다.

제어 시스템(Control Systems)은 이러한 액추에이터들이 원하는 대로 정확하게 움직이도록 지시하고 조절하는 역할을 한다. 이는 피지컬 AI의 뇌에서 나온 명령을 근육(액추에이터)에 전달하는 신경망과 같다고 할 수 있다.

제어 시스템에서 가장 기본적인 것이 피드백 제어(Feedback Control)다. 피드백 제어는 센서로부터 모터의 각도, 로봇 팔의 위치, 로봇의 속도와 같은 현재 상태를 지속적으로 입력받아, 인공지능이 목표하는 상태와 현재 상태를 비교하고 오차를 줄이도록 액추에이터를 조절하는 방식이다. 예를 들어, 로봇 팔이 특정 위치로 움직이도록 명령을 받으면, 팔의 현재 위치를 센서로 계속 확인하며 목표 위치에 도달할 때까지 모터를 미세하게 조절한다. 이를 통해 로봇은 외부 환경의 변화나 예상치 못한 교란에도 불구하고 오차 없이 정밀하게 움직일 수 있게 된다.

피드백 제어와 더불어 많이 사용되는 기술이 바로 경로 계획 및 동작 제어(Path Planning & Motion Control) 기술이다. 이 기술은 로봇이 특정 목표에 도달하기 위한 최적의 경로를 계산하고, 그 경로를 따라 부드럽고 효율적으로 움직이도록 제어한다. 주변 장애물을 피하고, 속도를 조절하며, 균형을 유지하고, 에너지 소비를 최소화하는 등 복잡한 동작을 수행할 수 있도록 한다. 자율주행차가 복잡한 도시 환경에서 가장 안전하고 효율적인 경로를 찾아 주행하거나, 휴머노이드 로봇이 계단을 오르내리거나 좁은 공간을 통과하는 것 모두 고도화된 경로 계획 및 동작 제어 기술 덕분이다.

이처럼 피지컬 AI는 다양한 종류의 눈과 귀 역할을 하는 센서를 통해 주변 환경을 인지하고, 팔과 다리 역할을 하는 액추에이터와 정교한 제어 시스템을 통해 현실 세계에서 물리적으로 행동한다. 이러한 센싱, 액추에이션, 그리고 제어 기술들이 유기적으로 결합하고, 그 위에 인공지능의 지능이 더해질 때, 피지컬 AI는 우리 주변의 세상을 이해하고, 복잡한 작업을 수행하며, 우리의 삶을 더욱 편리하고 안전하게 만들 수 있는 능력을 갖추게 된다. 이는 단순한 기계적 동작을 넘어, 환경에 능동적으로 반응하고 자율적으로 목표를 달성하는 지능형 시스템의 탄생을 의미한다.

05
현실을 복제한 가상 세계, 디지털 트윈

우리가 살고 있는 현실 세계는 예측 불가능한 변수로 가득하다. 만약 공장의 기계가 언제 고장 날지, 건물의 구조적 문제는 없는지, 도시의 교통 흐름은 어떻게 최적화할 수 있을지 등을 미리 알고 대처할 수 있다면 얼마나 좋을까? 바로 이 지점에서 디지털 트윈(Digital Twin)이라는 개념이 강력한 해결책으로 떠오르고 있다. 피지컬 AI가 현실 사물에 지능을 부여한다면, 디지털 트윈은 그 현실 사물을 가상 세계에 완벽하게 복제해 미래를 예측하고 최적화하는 데 도움을 줄 수 있기 때문이다.

AI 콘텐츠 크리에이터?

디지털 트윈이란 무엇인가?

디지털 트윈(Digital Twin)은 물리적인 존재(Physical Twin)를 가상 세계에 똑같이 만들어 놓은 가상 복제본이다. 이 가상 복제본은 현실의 피지컬 트윈으로부터 실시간으로 데이터를 받아 와서 현실과 동일하게 움직이고 변화한다. 마치 살아 있는 존재처럼 끊임없이 정보를 업데이트하고 반응하는 거울과 같다.

예를 들어, 실제 공장에 있는 어떤 기계를 생각해 보자. 그 기계의 디지털 트윈은 컴퓨터 안에 현실 세계의 그 기계(피지컬 트윈)와 똑같이 모델링되어 존재한다. 이 디지털 트윈은 실제 기계의 센서로부터 온도, 압력, 진동, 소음, 작동 시간 등 모든 가능한 데이터를 실시간으로 전송받아 가상 공간에서 실제 기계와 똑같이 작동하는 것처럼 시뮬레이션된다.

디지털 트윈은 특정한 기계 장치의 단순한 3D 모델링이나 이런 기계 장치의 상태 정보를 함께 모아서 보여 주는 데이터 대시보드와는 차원이 다르다. 디지털 트윈은 단순한 시각화가 아니라 피지컬 트윈의 성능, 상태, 행동을 실시간으로 반영하고 예측할 수 있는 동적인 가상 시스템이다. 따라서 디지털 트윈에서는 정확하게 데이터를 수집 및 연동하는 것과 더불어, 이를 바탕으로 정확한 모델링 및 시뮬레이션을 수행하는 것 모두가 중요하다.

현실 세계와 관련된 데이터를 정확하게 수집한다는 것은 물리적 대상이나 시스템의 실시간 상태를 가상 공간에 정밀하게 재현한다는 것을 의미한다. 이를 위해서는 물리적 대상이나 시스템과 관련된 다양한 데이터를 수집할 수 있어야 하며, 현실 세계의 아날로그 데이터를 디지털로 변환(digitization)하여 가상 세계로 전달하는 센싱 및 사물인터넷(Internet of Things) 기술이 필수적이다.

일반적으로 현실 세계를 설명하는 데이터의 종류 및 양이 많으면 좋을 것 같지만, 반드시 그런 것만은 아니다. 데이터가 많다는 것은 그만큼 정확한 모델링 및 시뮬레이션을 가능하게 하지만, 이를 저장하고 처리하기 위한 저장 공간이나 컴퓨팅 파워, 그리고 전력이 필요하기 때문이다. 하지만 그렇다고 해서 데이터의 종류나 양이 너무 적어서도 안 된다. 디지털 트윈을 통해서 달성하고자 하는 목적을 만족시키기 위한 최소한의 데이터는 확보해야 한다.

가상 세계로 전송해야 할 데이터의 종류가 결정됐다면, 이 데이터를 정확하게 전달하는 것도 중요하다. 어떤 데이터를 정확하게 전송한다는 것은 전송되는 데이터에 오류가 없어야 한다는 것을 의미할 뿐만 아니라, 그 데이터를 실시간으로 전송해야 한다는 것을 의미한다. 이를 통해 현실의 변화가 디지털 트윈에 즉각적으로 반영될 수 있게 해야 한다.

현실 세계 데이터를 실시간으로 연동함으로써 디지털 트윈은 다음과 같은 세 가지 핵심 기능을 수행한다. 첫째, 현실의 모니터링이다. 디지털 트윈을 통해 피지컬 트윈의 현재 상태와 성능을 가상 공간에서 실시간으로 정밀하게 확인하는 것이 가능하다. 공장의 복잡한 생산 라인이나 거대한 발전소 설비를 직접 방문하지 않고도, 디지털 트윈을 통해 원격으로 모든 상황을 파악하고 제어할 수 있게 된다. 이는 관리의 효율성을 획기적으로 높여 준다.

둘째, 미래 예측 및 시뮬레이션이다. 현실에서는 비용, 시간, 안전 문제 등으로 불가능한 다양한 시나리오를 가상 공간에서 미리 시뮬레이션해 미래를 예측하고 최적의 결과를 찾아낼 수 있게 해 준다. 예를 들어, 새로운 생산 공정을 도입하기 전에 디지털 트윈에서 수백, 수천 번 시뮬레이션을 돌려 병목 현상을 파악하고 최적의 효율을 낼 수 있는 방안을 미리 찾아내는 것이다. 이는 시행 착오를 줄이고 리스크를 최소화함으로써 예기치 않은 비용이나 사고를 줄여 줄 수 있다.

셋째, 문제 진단 및 해결이다. 실제 문제가 발생했을 때, 디지털 트윈을 통해 원인을 심층적으로 분석하고 해결책을 미리 테스트해 볼 수 있다. 기계 고장이나 시스템 오류가 발생했을 경우, 디지털 트윈에서 동일한 상황을 재현해 문제의 근본 원인을 파악하고, 여러 가지 수리 방법이나 개선 방안을 시뮬레이션해 가장 효과적인 해결책을 찾아 현장에 적용할 수 있다. 이는 다운타임을 줄이고 빠른 복구를 가능하게 한다.

디지털 트윈을 가능하게 하는 기술

디지털 트윈이 개념에 머무르지 않고 현실이 되기 위해서는 여러 첨단 기술들이 유기적으로 결합되어 상호 작용해야 한다. 이는 마치 정교한 시계의 톱니바퀴처럼 맞물려 돌아가며 복잡한 기능을 수행한다.

가장 근본적인 요소는 초정밀 센싱 기술이다. 실제 사물이나 환경의 모든 물리적 정보, 즉 온도, 압력, 진동, 습도, 소음, 위치, 움직임 등을 실시간으로 수집하기 위해 카메라, 라이다, 레이더, 다양한 환경 센서, 진동 센서 등 고도로 정밀한 센서 기술이 필수적이다.

수집된 방대한 양의 데이터를 지연 없이 빠르게 전송

하기 위해서는 강력한 데이터 통신 기술(IoT 및 5G/6G)이 필수적이다. 사물 인터넷(IoT) 기술은 수많은 센서와 기기들이 네트워크에 연결되어 데이터를 주고받을 수 있도록 하며, 초고속, 초저지연의 5G 또는 미래의 6G 통신 기술은 이러한 방대한 양의 실시간 데이터를 안정적으로 전송하는 데 결정적인 역할을 한다. 로컬 환경에서는 최고 46Gbps의 속도를 제공하는 Wi-Fi 7 같은 기술을 이용할 수도 있다.

수집된 방대한 데이터를 저장하고, 복잡한 시뮬레이션 및 예측 모델을 구동하기 위해서는 클라우드 컴퓨팅 및 고성능 연산 자원이 필요하다. 클라우드는 디지털 트윈 시스템의 두뇌이자 기억력 역할을 수행한다. 여기에서 인공지능 알고리즘이 데이터를 분석하고 패턴을 학습하며, 미래를 예측하는 복잡한 모델을 만들고 시뮬레이션을 수행한다. 대규모 데이터 처리와 복잡한 알고리즘 실행은 막대한 컴퓨팅 파워를 요구하며, 이는 온디바이스나 에지 환경보다는 클라우드 환경에서 가장 효율적으로 제공될 수 있다.

인공지능 및 머신러닝은 디지털 트윈의 지능을 담당한다. 수집된 데이터를 분석해 의미 있는 패턴을 찾아내고, 예측 모델을 구축하며, 심지어 가상 공간에서 최적의 결정을 내리는 데 인공지능과 머신러닝 기술이 핵심적인 역할을 한다. 다양한 센서가 현실 데이터를 생성하면, 인공지능은 이 데이터를 분석하고 학습해 디지털 트윈에 생명을 불어넣는다. 예를 들어, 기계의 미세한 진동 데이터를 분석해 고장 징후를 예측하고, 최적의 유지 보수 시점을 판단하는 것이 가능해진다. 예측 분석, 패턴 인식, 이상 감지, 최적화 등 인공지능의 다양한 능력이 디지털 트윈의 가치를 극대화한다.

마지막으로, 디지털 트윈의 정보를 사용자가 직관적으로 이해하고 상호작용할 수 있도록 시각화하는 데 가상현실(VR) 및 증강현실(AR) 기술이 활용된다. VR 환경에서는 사용자가 디지털 트윈이 구현된 가상 공간에 몰입해 마치 그 안에 있는 것처럼 시스템을 탐험하고 조작할 수 있다. AR 기기를 통해서는 실제 피지컬 트윈 위에 디지털 트윈의 실시간 정보를 겹쳐 보면서 문제를 진단하거나 작업을 수행할 수 있다.

예를 들면, 티센크루프(ThyssenKrupp)는 엘리베이터의 유지 보수 최적화를 위해 일찍부터 디지털 트윈과 마이크로소프트의 AR 장치인 홀로렌즈를 이용했다. 엘리베이터에 다양한 센서를 부착해 실시간 작동 데이터를 수집하고, 이를 기반으로 디지털 트윈을 생성해 엘리베이터 상태를 모니터링하며 고장 가능성을 사전에 예측하고 정비(predictive maintenance)를 수행한다. 그럼에도 불구하고 고장이 발생하는 경우, 엔지니어는 홀로렌즈를 통해 엘리베이터의 상태 및 문제 해결 방법을 전달받고 신속하게 대응한다.

피지컬 AI와 디지털 트윈의 시너지 효과

피지컬 AI와 디지털 트윈은 서로의 부족한 부분을 채워주며 강력한 시너지를 창출하는, 미래 산업의 핵심적인 짝꿍 기술이다. 이 둘의 관계는 단순한 데이터 교환을 넘어 유기적인 순환 고리를 형성한다.

가장 중요한 것은 데이터의 순환과 지능의 상호작용이다. 피지컬 AI 기기들은 현실 세계에서 작동하며 방대한 양의 실시간 데이터를 생산한다. 이 데이터는 디지털 트윈을 지속적으로 업데이트하고 현실 반영 능력을 높이는 데 활용된다. 피지컬 AI는 현장의 데이터를 디지털 트윈이라는 두뇌에 공급하는 역할을 한다. 반대로, 디지털 트윈에서 결정된, 혹은 시뮬레이션된 최적의 운영 방식이나 문제 해결책, 예측된 미래 시나리오에 대한 정보는 다시 피지컬 AI 기기로 전송되어 실제 행동에 반영된다.

이러한 순환을 통해 예측 기반의 효율성을 극대화할 수 있다. 예를 들어, 공장의 로봇 팔(피지컬 AI)이 센서를 통해 작동 데이터를 디지털 트윈으로 전송하면, 디지털 트윈은 이 데이터를 인공지능으로 분석해 로봇 팔의 미세한 이상 징후나 고장 가능성을 미리 예측한다. 그러면 공장 관리자는 고장이 실제로 발생해 생산이 중단되기 전에 로봇 팔을 정비하거나 부품을 교체해 생산 효율성을 극대화하고 막대한 손실을 방지할 수 있다. 이는 단순히 고장 후 수리하는 사후(事後) 유지 보수를 넘어, 고장 발생 전 예측하고 조치하는 예지(豫知) 유지 보수 시대를 열 것이다.

또한 위험 최소화 및 안전 증진에 크게 기여한다. 실제 자율주행차(피지컬 AI)가 주행하며 수집한 도로 상황 데이터와 운전 습관 데이터를 기반으로 디지털 트윈을 만들고, 이 가상 공간에서 갑작스러운 장애물 출현, 급정거 상황, 충돌 시뮬레이션 등과 같은 다양한 돌발 상황을 수없이 반복해 시뮬레이션할 수 있다. 이를 통해 자율주행 알고리즘을 더욱 안전하게 개선하고, 실제 도로 위 사고율을 획기적으로 낮출 수 있다. 위험한 화학 공장이나 원자력 발전소와 같은 시설에서도 디지털 트윈을 통해 안전 시뮬레이션을 반복하고, 잠재적 위험 요소를 사전에 파악해 재난을 예방하는 것이 가능하다.

원격 제어 및 유지 보수의 효율성도 비약적으로 향상된다. 멀리 떨어져 있는 공장이나 발전소의 설비(피지컬 AI)에 문제가 발생했을 때, 현장 엔지니어가 직접 방문하기도 전에 본사의 전문가가 디지털 트윈에 접속하여 문제 상황을 가상으로 재현하고 원인을 진단하며, 심지어 원격으로 해결책을 미리 테스트해 볼 수 있다. 이는 현장 방문 없이도 효율적인 유지 보수를 가능하게 하며, 긴급 상황 발생 시 빠른 대응을 통해 피해를 최소화할 수 있다. 또한 디지털 트윈은 신입 작업자 교육에도 활용되어, 실제 설비를 만지기 전에 가상 환경에서 충분한 경험을 쌓도록 도울 수도 있다.

디지털 트윈의 다양한 활용 사례

디지털 트윈은 스마트팩토리, 스마트시티, 건설 및 건축, 의료, 국방 및 항공 우주 등 이미 다양한 산업 분야에서 혁신을 이끌고 있으며 그 적용 범위는 계속해서 확장되고 있다.

스마트팩토리는 현재 디지털 트윈이 가장 활발히 적용되는 분야 중 하나다. 공장 전체를 디지털 트윈으로 구축해 생산 라인의 모든 장비와 공정, 심지어 작업자의 동선까지 실시간으로 모니터링하고 시뮬레이션한다. 이를 통해 생산 라인의 효율성을 최적화하고, 장비 고장을 예측하며, 새로운 생산 방식을 도입하기 전에 디지털 트윈에서 미리 시뮬레이션해 잠재적 위험을 최소화하고 있다. 제품의 설계부터 생산, 물류까지 전 과정의 가시성을 확보해 생산성을 획기적으로 높인다.

스마트시티(Smart City)는 거대한 규모의 디지털 트윈 사례다. 도시 전체를 디지털 트윈으로 만들어 교통 흐름, 에너지 소비량, 대기 질, 유동 인구, 재난 발생 현황 등을 실시간으로 모니터링하고 시뮬레이션한다. 이를 통해 도시 운영의 효율성을 높이고, 교통 체증을 줄이며, 에너지 낭비를 막고, 재난 대응 계획을 최적화하여 시민들의 삶의 질을 향상시킬 수 있다. 도시 전체를 디지털 트윈(Virtual Singapore)으로 구축한 싱가포르는 신도시를 개발하거나 구도심에 대형 빌딩 건축의 인허가를 내릴 때, 새롭게 유입되는 인구수에 따른 교통 흐름, 에너지 소비, 상하수도, 재난 대응 이슈를 시뮬레이션을 통해 확인한 후 결정하고 있다.

건설 및 건축 분야에도 디지털 트윈은 혁신을 가져오고 있다. 건물을 짓기 전에 설계 도면을 기반으로 디지털 트윈을 완벽하게 모델링해 설계 오류를 줄이고, 공사 진행 상황을 실시간으로 추적하며, 잠재적인 안전 위험 요소를 미리 파악할 수 있다. 완공 후에는 건물의 디지털 트윈을 활용해 에너지 관리, 실내 환경 제어, 유지 보수 계획 수립 등에 활용하여 건물의 수명 주기 전체에 걸쳐 효율성을 극대화한다.

의료 분야에서도 디지털 트윈은 정밀 의료 시대를 열고 있다. 심장이나 뇌와 같은 환자의 특정 장기를 디지털 트윈으로 만들어 수술 시뮬레이션을 하거나, 특정 약물이 인체에 미치는 영향을 가상으로 예측해 개인에게 최적화된 치료법을 찾는 데 활용되고 있다. 개인 맞춤형 치료와 질병 예측, 신약 개발 과정에서도 디지털 트윈은 혁신적인 도구가 될 잠재력을 가지고 있다. 예를 들면, 존스홉킨스 대학교에서는 CT/MRI 데이터를 바탕으로 환자 맞춤형 3D 심장 모델을 생성하고, 전기 신호 전파와 조직 손상 상태를 포함해 실제 심장과 동일하게 시뮬레이션을 수행한다. 이를 통해 부정맥의 위치를 정확히 예측하고, 카테터 절제술(catheter ablation) 시에 최적 경로를 선정해 치료 성공률을 높이고 있다.

국방 및 항공 우주 산업에서도 디지털 트윈의 활용은 필수적이다. 비행기, 전투기, 우주선과 같이 복잡하고 값비싼 장비들은 개발 단계부터 디지털 트윈으로 모델링되어 설계 검증, 성능 테스트, 비행 시뮬레이션 등에 활용된다. 실제 장비가 운용될 때도 디지털 트윈을 통해 실시간으로 상태를 모니터링하고, 극한 환경에서의 시뮬레이션을 통해 안전성을 확보하며, 새로운 부품 개발이나 성능 개선을 위한 테스트 베드로 활용된다.

삼성전자나 아마존이 제공하는 맵뷰(MapView) 서비스는 일반인들이 쉽게 접근할 수 있는 디지털 트윈 서비스다. 맵뷰 서비스는 개별 기기 단위로 관리되고 제어되던 스마트홈 서비스를 집이라는 공간에 2D 혹은 3D 형태로 보여 주는 서비스다. 집의 어떤 공간에 어떤 스마트홈 기기가 존재하며, 그 기기의 상태가 어떤지를 한눈에 확인하고 쉽고 직관적으로 제어할 수 있게 도와준다.

디지털 트윈은 현실 세계의 복잡한 시스템을 가상 공간에 옮겨 와 이해하고 제어하며, 더 나은 미래를 설계할 수 있도록 돕는 강력한 도구다. 피지컬 AI가 현실에 지능을 불어넣고 데이터를 생성한다면, 디지털 트윈은 그 데이터를 활용해 현실을 예측하고 최적화하는 가상 두뇌 역할을 한다. 이 두 기술의 결합은 효율성을 높일 뿐만 아니라 예측 불가능한 현실의 불확실성을 관리하고, 지속 가능한 발전을 위한 새로운 가능성을 열어 주는 거대한 잠재력을 제공한다.

06
현실과 가상의 경계를 허물다, 공간 컴퓨팅

우리는 지금까지 컴퓨터나 스마트폰 화면을 보며 디지털 정보를 소비했다. 그런데, 만약 디지털 정보가 화면이라는 제약을 넘어 우리 주변의 물리적 공간과 자연스럽게 융합된다면 어떨까? 피지컬 AI가 우리 주변의 사물과 환경에 지능을 불어넣는다면, 공간 컴퓨팅(Spatial Computing) 기술은 이 지능적인 현실 공간을 우리가 상호작용할 수 있는 디지털 정보와 매끄럽게 연결하게 된다.

AI와 민주주의?

공간 컴퓨팅이란 무엇인가?

2023년 6월 5일, 애플의 CEO인 팀 쿡(Tim Cook)은 애플의 세계 개발자 회의(WWDC)가 절정으로 향하는 부분에서 스티브 잡스의 케케묵은 'One More Thing'을 말하며 '비전 프로(Vision Pro)'라는 혼합현실(MR) 헤드셋을 소개했다. 하지만 그는 비전 프로를 소개하는 말로 AR, VR 혹은 MR이라는 용어 대신 '공간 컴퓨팅(Spatial Computing) 장치'라는 용어를 썼다.

팀 쿡이 비전 프로를 공간 컴퓨팅 장치라고 소개한 이유를 정확히 알 수는 없지만, 당시 거품 논란이 있었고 현실성과 단절됐다는 느낌을 주던 '메타버스(Metaverse)'라는 용어 대신 현실을 확장하는 플랫폼 장치가 되기를 바라는 마음이 담겼다고 추정된다. 이로 인해 많은 사람들은 공간 컴퓨팅을 비전 프로와 같은 헤드셋을 착용하고 현실 공간에 정보를 표시하며 손동작이나 눈알의 움직임, 혹은 음성 명령과 같은 직관적인 상호작용 방식을 이용하여 서비스를 이용하는 개념으로 이해하기 시작했다.

하지만, 반은 맞고 반은 틀리다. 그 이유는 애플이 말하는 공간 컴퓨팅은 학술적인 개념의 공간 컴퓨팅을 온전히 설명하지 못하기 때문이다. 공간 컴퓨팅은 우리가 움직이고 생활하는 현실 공간 자체를 컴퓨팅 환경으로 활용하는 혁신적인 개념이다. 이는 증강현실(AR)처럼 현실 세계와 디지털 세계가 겹쳐지는 것을 넘어, 서로를 인지하고 상호작용하며 확장되는 것을 의미한다.

기존 컴퓨터가 2차원 화면 위에서 작동했다면, 공간 컴퓨팅은 3차원 물리 공간을 인터페이스이자 무대로 삼는다고 이해할 수 있다. 공간 컴퓨팅 서비스를 이용하기 위해서는 비전 프로와 같은 웨어러블 장치를 이용할 수도 있지만, 아마존의 무인매장(Cashierless Store)인 '아마존 고(Amazon Go)'나 까르푸의 '까르푸 플래시 10/10(Carrefour Flash 10/10)'처럼 공간이 사람을 인지하고 필요한 서비스를 제공해 줄 수도 있다.

공간 컴퓨팅의 개념은 1969년 마이런 크루거(Myron Krueger)가 개발한 비디오플레이스(Videoplace)로 거슬러 올라간다. 하지만, '공간 컴퓨팅(Spatial Computing)'이라는 용어를 공식적으로 처음 사용한 것은 2003년 MIT 미디어랩의 사이먼 그린월드(Simon Greenwold)다. 사이먼은 석사 논문에서 "공간 컴퓨팅은 실제 물체와 공간에 대한 참조 대상을 유지하고 조작하는 기계와 인간의 상호작용이다(Spatial computing is human interaction with a machine in which the machine retains and manipulates referents to real objects and spaces)"라고 정의한 바 있다.

공간 컴퓨팅은 현실 세계에 디지털 정보를 입히는 증강현실(AR, Augmented Reality), 그리고 현실과 가상을 혼합해 새로운 환경을 만드는 혼합현실(MR, Mixed Reality) 기술을 포함한다. 이케아(IKEA)의 스마트폰 앱인 플레이스(Place)처럼 스마트폰 앱으로 실제 가구 배치 모습을 미리 보거나, AR 게임에서 현실 속 길거리를 배경으로 캐릭터가 등장하는 것 등이 초기 형태의 공간 컴퓨팅 경험이라고 할 수 있다.

하지만 공간 컴퓨팅은 단순한 겹쳐 보기를 넘어, 디지털 객체가 마치 현실에 존재하는 것처럼 물리적 공간과 상호작용하고 반응하도록 만든다. 예를 들어, 가상의 공이 실제 테이블에 부딪혀 튕겨 나가거나, 가상 캐릭터가 실제 문 뒤로 숨는 것처럼 말이다. 이는 물리 법칙 및 주변 환경에 대한 정교한 이해를 바탕으로 한다.

공간 컴퓨팅의 핵심은 주변 환경에 대한 심층적인 이해다. 카메라, 센서, 라이다 같은 장치들을 통해 피지컬 AI는 주변 환경의 형태, 크기, 깊이, 재질, 조명 상태 등을 정확하게 인지한다. 이 정보를 바탕으로 가상의 객체를 현실 공간에 자연스럽게 배치하거나, 현실 속 사물과 가상 정보가 부딪히지 않도록 정교하게 상호작용할 수 있게 된다. 이는 '공간 매핑(Spatial Mapping)'이라는 기술을 통해 3D 공간 지도를 생성하고, 그 위에 디지털 정보를 정교하게 투영하는 과정으로 이루어진다. 예를 들어, 가상 스위치를 벽에 붙이면 실제 벽에 붙어 있는 것처럼 보이고, 그 가상 스위치를 누르면 특정 IoT 기기가 작동하는 식이다.

공간 컴퓨팅에서는 이렇게 겹쳐 보이는 것에서 나아가, 디지털 정보가 특정 물리적 공간에 고정되어 지속적으로 존재할 수 있다. 이를 영구적인 AR(Persistent AR) 또는 앵커링(Anchoring)이라고 부른다. 레이어(Layar)나 본디(BONDI)가 대표적인 서비스였는데, 특정 벽면에 가상의 메모를 남기면 내가 그 공간을 떠났다가 다시 돌아왔을 때나 다른 사람이 같은 공간에 들어왔을 때 그 메모를 여전히 볼 수 있는 식이다. 이는 현실 공간에 디지털 레이어를 입히는 개념으로, 물리적 공간 자체가 디지털 정보를 저장하고 전달하는 매체가 된다. 이런 방법을 이용하면 스마트시티에서 특정 건물이나 조형물 위에 관련 정보가 지속적으로 표시되거나, 박물관에서 유물 옆에 가상의 해설사가 나타나 설명을 제공하는 등의 서비스가 가능해진다.

공간 컴퓨팅을 가능하게 하는 기술

SF 영화를 보면 허공에 여러 개의 화면을 띄우고 손으로 그 화면을 선택해 다른 곳으로 옮기는 장면이 종종 나온다. 이런 공간 컴퓨팅이 SF 영화 속 이야기가 아닌 현실이 되기 위해서는 여러 첨단 기술이 복합적으로 작동해야 한다. 이 기술들은 피지컬 AI의 인지 및 행동 능력을 확장하여 여러 가지 방식으로 가상과 현실의 경계를 허무는 데 기여한다.

첫째, 공간 컴퓨팅의 눈과 귀 역할을 하는 고성능 센싱 기술이다. 공간의 형태, 사람의 움직임, 사물의 위치, 깊이 등을 정확하게 파악하기 위한 고해상도 카메라, 깊이 센서(Depth Sensor), 라이다, IMU(관성 측정 장치) 등의 센서 기술이 핵심이다. 이 센서들이 수집한 방대한 데이터는 피지컬 AI를 통해 실시간으로 분석되어 3D 공간을 정밀하게 재구성하는 데 사용된다. 센서 융합(Sensor Fusion) 기술은 여러 센서의 데이터를 결합해 더욱 정확하고 견고한 공간 인식을 가능하게 한다.

둘째, 센서 데이터를 해석하고 의미 있는 정보로 변환하는 컴퓨터 비전 및 인공지능 기술이다. 수집된 센서 데이터를 바탕으로 공간을 3D로 재구성하는 '3D 매핑(3D Mapping)', 현실 속 사물과 사람을 인식하고 그들의 움직임을 추적하는 '객체 인식 및 트래킹(Object Recognition & Tracking)', 그리고 사용자의 시선과 제스처를 인식하는 '인터랙션 인식(Interaction Recognition)' 등이 컴퓨터 비전 기술의 핵심이다. 이러한 인식 및 추적 과정에는 고도의 AI 알고리즘이 필수적인데, 공간 데이터를 이해하고 가상 객체가 현실에 자연스럽게 어우러지도록 돕는 역할을 한다.

셋째, 렌더링 및 디스플레이 기술은 가상의 객체를 현실 공간에 실감 나게 구현하고 사용자에게 보여 주는 역할을 한다. 가상 객체를 현실의 빛과 그림자에 맞춰 자연스럽게 보이도록 만드는 고성능 그래픽 렌더링 기술이 중요하며, 이를 사용자에게 보여 주는 투명 디스플레이(예: AR 글래스), 고해상도 VR 헤드셋 같은 디스플레이 장치들이 필요하다. 특히 AR/MR 기기는 현실을 보면서 그 위에 디지털 정보를 겹쳐 보여 주므로, 광학 기술의 발전이 몰입감 있는 경험을 좌우한다.

넷째, 공간 컴퓨팅의 실시간성과 효율성을 보장하기 위해서는 온디바이스 AI와 에지 컴퓨팅 같은 핵심 인프라가 필요하다. 공간 컴퓨팅은 실시간으로 방대한 센서 데이터를 처리하고, 가상 객체를 렌더링하며, 사용자 상호작용에 즉각적으로 반응해야 한다. 이를 위해 데이터를 클라우드까지 보내지 않고 기기 자체에서 빠르게 연산하는 온디바이스 AI와 사용자 가까이에서 데이터를 처리하는 에지 컴퓨팅이 매우 중요하다. 클라우드까지 데이터를 보내지 않고 현장에서 즉시 처리함으로써 지연 시간을 줄이고 몰입감을 높일 수 있으며, 동시에 개인 정보 보호 측면에서도 유리하다.

다섯째, 클라우드 연동 및 데이터 관리 시스템이다. 에지 컴퓨팅이 중요하다는 것은 두말할 필요도 없지만, 모든 데이터를 에지에서만 처리할 수는 없다. 방대한 공간 데이터를 장기적으로 저장하고, 여러 사용자의 공간 정보를 통합하며, 복잡한 AI 모델을 학습시키고 업데이트하는 데는 클라우드의 강력한 컴퓨팅 자원과 저장 공간이 필수적이다.

피지컬 AI와 공간 컴퓨팅의 만남: 미래 경험의 확장

피지컬 AI와 공간 컴퓨팅은 서로의 부족한 부분을 채워주며 시너지를 낼 때 진정한 혁신을 만들어 낼 것이다. 이 둘의 결합은 우리가 현실 세계와 디지털 세계를 경험하는 방식에 혁명적인 변화를 가져올 것으로 기대된다. 몇몇 사례를 통해 그 변화의 모습을 살펴보자.

피지컬 AI가 내장된 스마트 기기나 로봇은 공간 컴퓨팅 환경 속에서 디지털 정보와 상호작용하며 현실 세계에 물리적 변화를 가져올 것이다. 예를 들어 사용자가 AR 글래스를 통해 화분의 흙에 수분이 부족하다는 것을 알고 '화분에 물 좀 줘!'라고 명령하면, 피지컬 AI 로봇 팔이 싱크대에서 물을 받아 화분에 물을 주는 식이다. 이는 디지털 인터페이스가 물리적 행동으로 이어지는 궁극적인 사용자 경험을 제공하게 될 것이다.

산업 현장에서 피지컬 AI와 공간 컴퓨팅의 결합은 작업 효율성을 획기적으로 높인다. 공장이나 물류 창고에서 작업자는 AR 글래스를 통해 작업 지침, 조립 과정 시뮬레이션, 재고 위치 정보, 기계 고장 진단 정보 등을 현실 공간 위에 바로 투영해 볼 수 있다. 피지컬 AI 로봇은 이 정보를 바탕으로 작업을 효율적으로 수행하고, 작업자는 로봇의 상태를 실시간으로 확인하며 필요한 지시를 내릴 수 있다. 복잡한 기계 수리 작업 시, 멀리 떨어진 전문가가 AR을 통해 작업자에게 시각적인 지시를 내리고, 피지컬 AI 로봇이 도구를 전달하거나 보조 작업을 수행해 작업 시간을 단축하고 오류를 줄이는 것이 가능해진다.

공간 컴퓨팅은 피지컬 AI와 결합해 교육 및 훈련 방식도 혁신할 것이다. 의대 학생은 가상 인체를 AR로 보면서 해부를 연습하거나, 복잡한 의료 기계의 작동 원리를 3D 모델로 직접 조작하며 배울 수 있다. 피지컬 AI는 이러한 가상 환경 속에서 학생의 행동을 분석하고 피드백을 주며, 실제 수술 도구를 가상으로 조작하는 연습을 통해 학습 효과를 극대화할 것이다. 소방 훈련이나 군사 훈련처럼 위험한 환경에서의 훈련도 실제와 유사한 공간 컴퓨팅 환경에서 피지컬 AI 시뮬레이션 로봇과 상호작용하며 안전하고 반복적으로 수행할 수 있게 된다.

이뿐이 아니다. 우리 가정과 여가 활동에서도 피지컬 AI와 공간 컴퓨팅의 결합은 새로운 차원의 엔터테인먼트 경험을 선사할 것이다. 집 거실에서 AR 게임을 즐기는데, 게임 속 캐릭터가 실제 로봇처럼 거실을 뛰어다니거나, 피지컬 AI 스피커가 가상 콘서트의 음향 효과를 공간에 맞게 조절해 몰입감을 극대화하는 등 현실과 가상이 혼합된 경험도 가능해진다. 가상의 전시회나 박물관을 실제 공간처럼 거닐며 피지컬 AI 큐레이터의 설명을 듣거나, 가상 아바타와 함께 현실 속 공원에서 산책하며 대화하는 등 현실과 디지털의 경계가 허물어진 라이프스타일이 펼쳐질 것이다.

스마트시티에서 관리자는 공간 컴퓨팅 기술을 활용해

도시의 교통 흐름, 에너지 사용량, 재난 발생 현황 등을 3D로 시각화해 파악할 수 있다. 피지컬 AI 기반의 드론이 실시간 데이터를 수집하고, 인공지능이 분석한 정보가 공간 컴퓨팅 환경에 투영되어 도시 운영의 효율성을 극대화하는 데 기여한다. 예를 들어, 특정 지역의 에어컨 에너지 소비량이 비정상적으로 높을 경우, 공간 컴퓨팅으로 해당 지역의 3D 모델 위에 에너지 사용량이 시각적으로 표시되고, 피지컬 AI 기반의 스마트 빌딩 관리 시스템이 자동으로 에어컨 설정을 최적화하는 식이다. 이는 도시의 자원을 효율적으로 사용하고, 시민들에게 더욱 안전하고 편리한 환경을 제공할 것이다.

공간 컴퓨팅은 우리가 물리적인 세상과 디지털 정보를 경험하는 방식을 근본적으로 바꿀 것으로 기대된다. 이는 디지털 정보가 현실 공간에 존재하고 상호작용하는 새로운 패러다임을 제시할 것이다. 피지컬 AI와의 결합을 통해, 우리 주변의 모든 공간은 지능을 갖춘 상호작용의 장으로 변모할 것이다. 이는 단순한 기술적 혁신을 넘어 우리 삶의 편리함, 생산성, 그리고 경험의 질을 한 차원 높이는 중요한 전환점이 될 것이다.

07
피지컬 AI 활용 사례

지금까지 피지컬 AI가 무엇이며, 이를 가능하게 하는 핵심 기술들이 어떻게 작동하는지 살펴봤다. 이제 가장 흥미로운 질문에 답할 차례다. "그래서 이 똑똑한 피지컬 AI는 실제로 우리 삶의 어디에, 어떻게 쓰일까?"

이 장에서는 피지컬 AI가 이미 적용되고 있거나, 조만간 우리 일상 속에 깊숙이 스며들 다양한 분야의 현재와 미래 활용 사례들을 구체적으로 살펴보고자 한다.

AI와 애니메이션?

가정과 개인 생활: 일상의 지능화와 스마트 컴패니언

피지컬 AI의 주요 활용 분야로 언급되는 분야는 자율주행 자동차, 로봇, 그리고 스마트 공간(Smart Space)이다. 실제로 웨이모나 테슬라, 중국의 유니트리와 관련된 소식을 접하다 보면 자율주행 자동차와 휴머노이드 로봇이 먼 이야기는 아닌 것 같다. 하지만, 이 중 가장 먼저 피지컬 AI의 변화를 체감할 수 있는 곳은 스마트 공간에 해당하는 우리의 집과 개인 생활일 것이다. 이미 로봇청소기는 많은 가정에 보급되어 피지컬 AI의 초기 형태를 보여 주고 있으며, 스마트 가전제품에도 다양한 인공지능 기술이 탑재되기 시작하고 있다.

특히 최근에 출시되는 로봇청소기들에는 고해상도 카메라와 자율주행차에 사용되는 라이다 센서까지 탑재되고 있어서, 집 안의 공간만이 아니라 그 공간을 구성하는 다양한 사물에 대해서 이해하고 청소를 한다. 또한 문턱을 인식하고 이를 넘어가거나 계단을 오르내리는 로봇청소기는 물론 팔이 달린 로봇청소기까지 출시되고 있다. 하지만 미래에는 이보다 훨씬 더 고도화된 형태의 피지컬 AI가 우리 일상을 변화시킬 것이다.

먼저 지능형 홈으로 진화하고 있는 스마트홈을 살펴

보자. 피지컬 AI가 적용된 스마트홈은 단순히 스마트폰 앱이나 음성 명령으로 조명을 켜고 끄는 것을 넘어 집 자체를 하나의 지능형 시스템으로 만든다. 스마트 조명은 거주자의 활동 패턴, 실내 밝기, 외부 날씨를 실시간으로 지각해 가장 쾌적하고 효율적인 조도를 자동으로 조절한다. 서울반도체의 선라이크(Sun-Like)와 같은 조명은 계절과 시간대를 반영한 자연광과 유사한 조명 서비스를 제공하기도 한다.

스마트 에어컨과 난방 시스템은 거주자의 위치와 체온, 선호하는 온도를 학습해 사람이 특정 공간에 들어서기 전에 미리 온도를 맞추고, 에너지 낭비 없이 쾌적한 실내 환경을 유지한다. 또한, 와츠매터의 mmWave 레이더 기반 재실센서를 이용하면 각 공간별로 사용자의 재실 여부를 확인해 더욱 정밀하고 정확하게 에너지 사용을 제어할 수 있다. 예를 들어, 3분 혹은 10분 등 사용자가 일정 시간 이상 부재중이면 에어컨이나 TV, 조명 등의 전원을 차단함으로써 불필요한 에너지 낭비를 줄인다.

스마트 냉장고는 내부에 보관된 식재료의 종류와 유통기한을 인식하고, 부족한 재료가 있다면 스스로 주문을 제안하거나 자동으로 주문을 처리한다. 심지어 레시

피를 제안하고 요리 과정을 보조하는 역할까지 할 수 있다. 중국의 하이얼(Haier)이 판매 중인 가전제품들에는 홈GPT(HomeGPT)라는 생성형 AI가 탑재되어 있어, 기기와의 대화를 통해 기기의 사용 방법이나 소모품의 교체 방법을 확인할 수도 있다. 이 모든 기기들은 온디바이스 AI와 에지 컴퓨팅을 통해 실시간으로 데이터를 처리하며, 사용자의 프라이버시를 보호하면서도 최적의 편의를 제공한다.

미래의 가정에는 다양한 형태의 개인 서비스 로봇이 등장할 것이다. 이미 아마존은 2021년 9월에 처음으로 홈서비스 로봇인 '아스트로(Astro)'를 출시한 바 있으며, 삼성전자와 LG전자는 CES 2024에서 '볼리(Ballie 2024)'와 'AI 에이전트 Q9(AI Agent Q9)' 같은 개인 서비스 로봇을 공개하기도 했다. 이에 질세라 중국의 TCL도 CES2025에서 '에이미(AiMe)'를 공개한 바 있으며, 애플도 2027년에는 사용자와 상호작용하는 홈서비스 로봇을 출시할 것으로 알려지고 있다. 이동형 로봇은 스스로 집안을 순찰하며 보안을 담당하거나, 거주자의 건강 상태를 모니터링해 이상 징후를 감지하고 응급 상황 발생 시 자동으로 도움을 요청하는 등의 기능을 수행할 것으로 전망된다.

노인이나 거동이 불편한 사람들을 위한 돌봄 로봇은 약 복용 시간을 알려 주고, 식사를 돕고, 낙상 사고를 예방하는 등 중요한 역할을 수행한다. 이들은 정해진 작업을 수행할 뿐만 아니라 사용자의 감정 변화를 인식하고 공감하며, 맞춤형 상호작용을 통해 정서적 유대감을 형성하는 '스마트 컴패니언'으로 진화하고 있다. ㈜효돌의 효돌과 미스터마인드㈜의 초롱이가 대표적인데, 생성형 인공지능을 통해 감성 대화를 할 수 있고, 너무 어두운 거실처럼 주변의 환경 변화를 감지해 조명을 켜거나 커튼을 여는 서비스를 제안하기도 한다. 향후 이러한 개인 맞춤형 서비스 로봇은 음성 인식, 안면 인식, 감정 인식 AI를 통해 사용자의 의도를 파악하고, 최적의 동작과 음성으로 반응하며, 사용자의 생활 및 행동 패턴을 학습해 더욱 개인화된 서비스를 제공할 것이다.

피지컬 AI는 엔터테인먼트 경험도 한 차원 높일 것이다. AR/VR 헤드셋과 결합된 공간 컴퓨팅 기술을 통해 사용자들은 실제 거실에서 가상의 캐릭터와 함께 게임을 즐기거나 피지컬 AI 기반의 스마트 스피커가 가상 콘서트의 음향 효과를 공간에 맞게 조절해 몰입감을 극대화하는 경험을 할 수 있다. 피지컬 AI 드론은 개인 촬영 감독이 되어 사용자의 활동을 추적하며 멋진 영상을 담아내고, 스마트 로봇은 아이들과 놀아 주거나 교육적인 콘텐츠를 제공하며 새로운 놀이 문화를 만들어 갈 것이다.

이동과 교통: 안전하고 효율적인 모빌리티 혁명

피지컬 AI의 가장 강력한 영향력을 보여 줄 분야 중 하나는 바로 이동과 교통이다. 이를 확인하기 위해 2025년 1월 초, CES 2025 참관을 마친 필자는 예정에도 없던 샌프란시스코를 방문했다. CES 전시장에서 본 웨이모(Waymo)를 실제로 체험해 보고 싶어서였는데, 정말 놀라울 정도로 편안하며 안정적인 자율주행 서비스를 경험할 수 있었다. 이후 2025년 6월 22일에는 테슬라가 텍사스 오스틴 지역에서 임시로 로보택시(Robotaxi) 서비스를 개시했으며, 9월 초에는 메르세데스-벤츠가 세계 최초의 레벨 3 자율주행 기능인 '드라이브 파일럿'을 상용화하기도 했다. 정말 머지않아 자율주행차 및 로보택시 서비스가 보편화될 것으로 보인다.

현재도 활발히 연구 개발이 진행 중인 자율주행차는 피지컬 AI의 결정체다. 앞에서 언급한 것처럼, 이미 웨이모나 테슬라에 의해 제한된 지역에서 서비스되고 있는 자율주행차는 카메라, 라이다, 레이더, 초음파 센서 등 수많은 센서(피지컬 AI의 눈과 귀)를 통해 주변 환경을 실시간으로 인지하고, 차량 내부의 고성능 컴퓨터(온디바이스 AI 및 에지 컴퓨팅)가 데이터를 처리해 운전자의 개입 없이 스스로 목적지까지 이동한다.

AI는 도로의 표지판, 신호등, 다른 차량, 보행자, 자전거 등을 정확히 식별하고, 실시간 교통 상황과 날씨를 고려해 최적의 주행 경로를 계획하며, 갑작스러운 돌발 상황에도 즉시 반응해 안전하게 주행한다. 전방에서 주행 중인 차들끼리 사고가 날 것을 예측하고 미리 속도를 줄이는 테슬라 차량을 보면 정말 놀라움을 감출 수 없다. 테슬라는 2025년 6월, 자율주행 기술을 활용해 신차를 고객에게 배송하기도 했는데, 미래에는 도심 자율주행 택시나 자율주행 셔틀버스가 보편화되어 대중교통의 패러다임을 바꿀 것으로 보인다. 이는 도시의 교통 체증을 줄이고 사고 위험을 최소화해 도시민들의 삶의 질을 높이는 데 크게 기여할 것이다.

드론은 취미용 기기에서 머물지 않고 피지컬 AI를 기반으로 한 핵심 운송 수단으로 진화할 것이다. 아마존이나 UPS, 집라인(Zipline)과 같은 기업들은 이미 드론을 이용한 택배 배송 서비스를 실험하고 있으며, 이는 물류의 마지막 단계(Last Mile Delivery)를 혁신해 배송 시간을 단축하고 비용을 절감할 것으로 기대되고 있다. 농업 분야에서는 드론이 농작물 상태를 모니터링하고 비료를 살포하며, 재난 현장에서는 인명 수색이나 구호 물품 전달에 활용될 것이다. 미래에는 드론 도심 항공 모빌리티(Urban Air Mobility, UAM)가 상용화되어 도시 이동의 새로운 대안을 제시할 수도 있다. 국내에서는 2030년 드론 택시의 본격적인 상용화를 목표로 하고 있다.

결국 도시의 교통 인프라 자체가 피지컬 AI와 결합해 지능화될 것으로 전망된다. 도로 곳곳에 설치된 AI 기반 센서와 카메라가 실시간 교통량, 차량 속도, 보행자 밀집도 등을 분석해 교통 흐름을 최적화한다. AI 신호등은 실시간 교통 상황에 맞춰 신호 주기를 자동으로 조절하고, 교통 정보를 자율주행차에 직접 전송해 혼잡을 줄여 준다. 또한 주차 공간 정보를 실시간으로 제공해 운전자가 효율적으로 주차할 수 있도록 돕고, 공유 모빌리티 서비스와 연동되어 도시 전체의 이동 효율성을 극대화할 것이다. 주차 공간 정보는 자율주행차와 연계되어 충전을 위한 기반을 제공할 수도 있다. 최근 카카오모빌리티, 쏘카, 티맵모빌리티, 휴맥스모빌리티 등이 주차 관련 사업에 진출하는 이유도 바로 이 때문이다.

산업과 생산성: 스마트팩토리와 로봇 자동화

산업 현장은 생산성 향상, 비용 절감, 안전 증진이라는 명확한 목표를 가지고 있어서 피지컬 AI의 가장 큰 수혜를 입을 분야 중 하나다.

현재도 많은 공장이 자동화 및 디지털 전환(DX)을 추진하고 있지만, 피지컬 AI는 스마트팩토리를 한 단계 더 진화시킬 것이다. 생산 라인에는 인공지능이 탑재된 협동 로봇(Cobots)이 인간 작업자와 나란히 작업하며, 섬세하고 반복적인 작업을 정밀하게 수행한다. 이 로봇들은 주변 환경과 인간의 움직임을 지각해 안전하게 협력하고, 스스로 학습해 작업 효율을 개선한다. 자율 이동로봇(AMR, Autonomous Mobile Robot)은 물류를 자동으로 운반하고, 재고를 관리하며, 작업 공간을 스스로 이동하며 효율적인 물류 시스템을 구축한다. 산업 현장에 로봇이 투입되는 것은 생산비를 크게 절감할 수 있는데, 삼성증권 장정훈 연구원에 따르면 자동차 산업에서 휴머노이드 로봇을 투입할 경우 인건비가 10분의 1 수준으로 줄어든다. 동시에 생산성은 60% 정도 향상되는데, 이는 자동차 가격을 반값 수준까지 낮출 수 있다.

인공지능 기반의 센서는 생산 과정의 불량품을 실시간으로 감지하고, 기계의 미세한 진동이나 소음을 분석해 고장을 예측하는 예지 보전을 가능하게 해 생산 중단을 최소화한다. 또한 공장 전체가 디지털 트윈으로 구현되어 모든 생산 과정을 가상에서 시뮬레이션하고 최적화할 수 있다. 이런 모든 것들이 피지컬 AI를 기반으로 하고 있기에, 최근에는 디지털 전환이라는 용어 대신 AI 전환(AX)이라는 용어를 사용하기도 한다.

실제로 다수의 선도 기업들은 자동차 생산 라인이나 물류 창고에 인공지능 기반 로봇을 투입하기 시작하고 있다. BMW는 피규어(Figure)사의 휴머노이드 로봇인 'Figure 02'를 미국 스파르탄버그 공장에 투입해 부품 운반과 같은 반복적인 작업을 맡기고 있다. 인간 중심의 스마트팩토리를 지향하는 메르세데스벤츠는 자사의 첨단 공장인 '팩토리 56'에 컨베이어벨트 대신 약 400대의 무인 운반 로봇(AGV)을 투입해 부품을 운반하는 데 활용하고 있다. 2025년 기준 물류 센터에 75만 대 이상의 로봇을 투입하고 있는 아마존도 어질리티 로보틱스(Agility Robotics)의 '디짓(Digit)'이라는 운반 로봇을 추가로 도입해 활용하고 있다.

인간에게 위험하거나 건강에 해로운 작업, 혹은 극도로 반복적이고 지루한 작업은 피지컬 AI 로봇이 대체할 것이다. 예를 들어, 건설 현장에서 무거운 자재를 운반하거나 위험한 곳에서 용접 작업을 수행하는 로봇, 원자력 발전소나 화학 공장에서 방사능 및 유해 물질을 다루는 로봇, 그리고 청소나 서빙과 같은 반복적인 서비스를 제공하는 로봇 등이 더욱 보편화될 것이다.

예를 들면, 일본의 도쿄전력(TEPCO)은 후쿠시마 원전 내부의 고방사선 구역에 AI 원격 제어 로봇을 투입해 폐연료봉을 조사하거나 구조물을 점검하는 등의 일을 수행하도록 하고 있다. 프랑스 전력청(EDF)도 원자력 발전소의 배관 및 보일러 점검에 크롤러나 드론 같은 AI 로봇을 투입하고 있다. 현대자동차가 인수한 보스턴 다이나믹스(Boston Dynamics)의 '스팟(Spot)'은 플랜트나 발전소에 투입되어 가스 검출, 열화상 점검, 구조물의 균열 확인과 같은 작업을 수행하고 있다.

농업 분야에서도 피지컬 AI는 혁신을 가져올 것이다. 드론은 넓은 농경지를 비행하며 작물의 성장 상태, 병충해 발생 여부, 토양 습도 등을 정밀하게 모니터링하고 데이터를 수집한다. 인공지능은 이 데이터를 분석해 필요한 양의 비료와 물만 정확히 공급하는 정밀 농업을 가능하게 하고, 병충해 발생 시 조기에 감지해 확산을 막을 것이다. 존디어(John Deere)가 선보인 자율주행 트랙터와 파종 로봇 같은 스마트 농기계는 잡초만 인식해 농약을 뿌리거나 씨앗의 종류에 따라 파종의 깊이를 달리하는 식으로 농업 생산성을 극대화하고 있다. 동시에 이를 통해 최소한의 인력으로 효율적인 경작을 가능하게 함으로써 농업 노동력 부족 문제를 해결하는 데도 기여할 것으로 기대된다.

사회 인프라와 공공 서비스: 더 안전하고 효율적인 도시

피지컬 AI는 집과 공장뿐만 아니라 도시의 사회 인프라를 지능화하고 공공 서비스의 질을 높이는 데 중요한 역할을 할 것으로 기대된다. 그중에서 가장 기본적이며 대표적인 것이 도시 곳곳에 설치된 인공지능 기반의 CCTV다. 인공지능 기반의 CCTV는 도시의 안전을 감시하고 범죄 예방 및 신속한 대응을 돕는다. 예를 들면, 이면도로에 설치된 인공지능 CCTV는 비상상황시 비명 소리나 '살려줘', '도와줘'와 같은 말을 이해하고 해당 위치로 순찰대를 급파하도록 지시하기도 한다.

쓰레기통은 내용물의 양을 스스로 감지해 쓰레기 수거 차량의 최적 경로를 알려 주고, 필요한 경우 자율주행 쓰레기 수거 로봇이 투입될 수도 있다. 유럽의 구도심처럼 일방통행이 많은 지역에서는 쓰레기 수거 시점을 조절함으로써 교통체증이 발생하는 것을 피할 수도 있다. 스마트 빌딩은 거주자의 활동과 외부 환경 변화에 맞춰 조명, 온도, 환기 시스템을 자동으로 조절해 에너지 효율을 극대화하고 쾌적한 환경을 제공한다. 이는 도시의 자원을 효율적으로 사용하고, 시민들에게 더욱 안전하고 편리한 환경을 제공할 것이다.

재난 발생 시 피지컬 AI 로봇과 드론은 인간이 접근하기 어려운 위험 지역에 투입되어 인명 수색, 상황 파악, 구호 물품 전달 등 중요한 역할을 수행할 것이다. 인공지능은 수집된 데이터를 분석해 재난 상황을 실시간으로 파악하고, 최적의 구조 경로를 제안하며, 위험 요소를 미리 알려 준다. 예를 들어, 지진으로 무너진 건물에 투입된 로봇은 내부 생존자를 탐지하고, 위험한 잔해를 제거하는 작업을 수행해 구조대의 안전을 확보한다.

수술 로봇은 의사의 정교한 수술을 보조해 미세하고 정확한 움직임을 가능하게 하여 수술 성공률을 높이고 회복 시간을 단축시킨다. 재활 로봇은 환자의 상태에 맞춰 맞춤형 재활 훈련을 제공하고, 진행 상황을 정밀하게 기록해 효율적인 재활을 돕는다. 피지컬 AI 기반의 웨어러블 기기는 사용자의 생체 신호를 24시간 모니터링해 건강 이상 징후를 조기에 감지하고, 만성 질환 환자의 건강 관리를 돕는다. 병원 내에서는 자율 이동 로봇이 약품이나 검체를 운반해 의료진의 업무 부담을 줄이고 효율을 높일 것이다.

지금까지 살펴본 것처럼, 피지컬 AI 기술이 적용되는 분야는 특정한 분야에 국한되지 않는다. 우리가 일하고 생활하는 모든 공간, 모든 분야가 피지컬 AI의 대상이 된다. 하지만 현재 이야기되는 피지컬 AI는 개별 공간이나 응용 분야를 대상으로 한다. 또한, 특정 공간이나 분야의 대표적인 기능이나 서비스를 제공하는 것으로 국한되어 있다. 만약 이들이 서로 연결되고 융합된다면 언제 어디서나 피지컬 AI 기반의 지능적인 서비스를 이용하게 될 것이다. 이처럼 피지컬 AI가 보편화된 세상을 '앰비언트' 세상이라 부른다.

08
앰비언트, 피지컬 AI가 보편화된 세상

지금까지 인공지능은 주로 특정 기기나 플랫폼 속에서 작동하는 존재였다. 그러나 앞으로 인공지능은 더 이상 특정 기기에만 머무르지 않고 우리 주변의 물리적 공간 전체를 감싸는 존재가 될 것으로 예상된다. 인공지능이 늘 곁에서 상황을 파악하고 우리의 필요를 예측하며 적절한 행동을 선제적으로 제공하는 시대를 맞이할 것이다. 나는 이러한 시대를 앰비언트(Ambient) 시대라고 부른다.

AI와 인재 채용?

앰비언트, 환경이 지능을 갖게 되다

피지컬 AI의 궁극적인 목표는 스마트 공간, 자율주행차, 로봇, 웨어러블과 같은 개별 기기나 시스템을 똑똑하게 만드는 것을 넘어, 우리 주변의 환경 자체가 지능을 갖추고 사용자 맞춤형 서비스를 선제적으로 제공해 주는 것이다. 이를 위해서는 우리를 둘러싼 주변 환경(ambient)이 지능을 가져야 하는데, 이를 앰비언트 인텔리전스(Ambient Intelligence) 혹은 앰비언트 컴퓨팅(Ambient Computing)이라 한다. 일반적으로 앰비언트 컴퓨팅은 하드웨어 측면이 강조되고 앰비언트 인텔리전스는 소프트웨어 측면이 강조되는 용어로 설명되지만, 이 책에서는 구분하지 않고 사용할 예정이다.

앰비언트 컴퓨팅은 제록스 PARC 연구소의 마크 와이저(Mark Weiser) 박사가 1990년대 초에 명명한 유비쿼터스 컴퓨팅(Ubiquitous Computing)에서 진화한 개념이다. 유비쿼터스 컴퓨팅이라는 용어는 언제 어디에나 존재하는 컴퓨팅을 의미하는데, 시간과 장소에 구애받지 않고 컴퓨팅 파워를 사용할 수 있다는 접근성의 관점에서 사용된다. 반면, 앰비언트 컴퓨팅은 주변 환경이 사용자를 이해하고 자연스럽게 반응하는 상태를 강조한다. 즉, 유비쿼터스 컴퓨팅 관점에서는 사용자가 직접 기기를 조작하거나 기기에 명령을 내려야 하지만, 앰비언트 환경에서는 사용자가 의식적으로 기기를 조작하거나 명령을 내리지 않더라도, 주변 환경이 사용자의 존재, 행동, 필요를 스스로 인지하고 예측해 필요한 정보나 서비스를 자연스럽게 제공한다. 이는 피지컬 AI가 보편적으로 적용되어 다양한 지능이 우리 주변에 존재할 때 비로소 완성될 수 있다.

앰비언트 시대에는 피지컬 AI로 무장한 수많은 센서, 디바이스, 로봇이 우리 주변에 보이지 않게 스며들어 유기적으로 연결된다. 집 안의 모든 공간은 우리의 행동 패턴, 생체 신호, 선호도 등을 실시간으로 인지하고 학습한다. 우리가 아침에 잠에서 깨어나면, 침실의 스마트 조명은 우리의 수면 패턴과 현재 눈의 피로도를 인지해 가장 편안하고 부드러운 밝기로 서서히 조절된다. 욕실로 이동하면, AI 스피커는 우리의 아침 루틴을 인지하고 오늘의 뉴스 브리핑을 시작하며, 거울은 우리의 표정이나 걸음걸이를 통해 스트레스 수준을 파악해 적절한 명상 음악을 추천할 수도 있다. 주방에 들어서면, 커피 머신은 우리가 평소 커피를 마시는 시간을 인지하고 이미 향긋한 커피를 내리고 있을 것이다.

외출하고 돌아오면 인공지능 CCTV가 차량 번호를 인

식해 주차 차단기를 열어 준다. 주차를 하고 공동현관문으로 다가가면, 입주민임을 확인하고 공동현관문을 열어 주고 동시에 엘리베이터를 호출한다. 공동현관문에 다가가는 순간 엘리베이터가 나에 대해 인식했기 때문에, 엘리베이터는 내가 살고 있는 층의 버튼이 이미 눌려 있다. 내가 사는 층에 도착하자 자동으로 현관문의 스마트 도어락이 열리며 거실등과 TV가 켜지고 내가 즐겨 보는 연예 채널이 선택된다. 또한 실내 온도는 내가 선호하는 쾌적한 상태로 맞춰져 있다. 기술이 우리 삶 속에 완벽하게 스며들어, 마치 공기처럼 자연스럽게 우리의 주변 환경이 우리를 돕는 경험을 하게 되는 것이다.

앰비언트 시대는 피지컬 AI가 가져올 궁극적인 사용자 경험의 혁신이다. 이는 우리가 기술과 상호작용하는 방식을 근본적으로 변화시킨다. 우리를 둘러싼 주변 환경이 우리의 의도를 예측하고, 우리의 삶의 질을 향상시키기 위해 끊임없이 배우고 진화하는, 진정한 인간 중심의 지능형 환경이 구현되는 것이다. 물론 이러한 비전에는 데이터 프라이버시, 인공지능의 투명성, 그리고 인간의 통제권 유지와 같은 윤리적, 사회적 고려가 반드시 선행되어야 할 것이다.

피지컬 AI는 더 이상 공상과학 영화 속 이야기가 아니다. 이미 다양한 형태의 인공지능이 현실 세계의 사물과 로봇에 깃들어 우리 삶의 방식과 일하는 방식을 근본적으로 변화시키고 있다. 가정에서의 편리함, 교통의 안전과 효율성, 산업 생산성의 극대화, 사회 인프라의 지능화에 이르기까지, 피지컬 AI는 우리 삶의 거의 모든 영역을 혁신적으로 변화시키고 있다. 그리고 이들이 유기적이며 끊김 없이 연결되어 언제 어디서나 일관된 방식으로 지능형 서비스를 제공할 것이다. 그것이 바로 앞으로 다가올 '앰비언트 시대'의 모습인 것이다.

앰비언트 인텔리전스의 등장과 진화

앰비언트 인텔리전스(Ambient Intelligence) 혹은 앰비언트 지능이라는 용어는 1998년 말 팰로앨토 벤처스(Palo Alto Ventures)의 일라이 젤카(Eli Zelkha) 팀이 처음 사용한 것으로 알려져 있다. 1990년대는 본격적으로 디지털 가전이 출시되기 시작한 때였는데, 가전제품이 디지털화하면서 다양한 기능들이 탑재되기 시작했다. 다양한 기능은 가전제품의 가치를 높이기도 했지만, 다른 한편으로는 대부분의 기능들이 제대로 이용되지도 않으면서 가전제품의 이용을 어렵게 만들었다.

필립스 리서치(Philips Research)는 고객들의 이런 문제를 간파하고 일라이 젤카 팀에게 문제 해결을 위한 자문을 맡겼는데, 그 결과로 등장한 개념이 바로 앰비언트 지능이다. 앰비언트 지능의 핵심 개념은 컴퓨터나 스마트 기기처럼 사용자가 직접 조작하고 집중해야 하는 기술이 아니라, 기계가 사람의 존재를 자연스럽게 인식하고 반응하며 삶에 녹아드는 것이었다. 이후 MIT를 중심으로 '옥시전 프로젝트(Oxygen Project)'가 만들어지고 필립스를 포함한 유럽의 다수 기업들이 참여하기도 했지만, 당시 기술로는 이런 비전을 구현하는 것이 사실상 불가능했다.

당장에 앰비언트 지능을 구현하는 것이 불가능했기에, 이후 한동안 앰비언트 지능에 대한 관심은 사그라졌다. 이후 앰비언트 지능에 대한 관심이 되살아난 것은 2017년 5월 월스트리트저널(WSJ)의 저명한 칼럼니스트이자 리코드(Recode)의 공동 창립자 겸 편집자인 월트 모스버그(Walt Mossberg)가 은퇴를 고하며 발행한 그의 마지막 칼럼 때문이었다. 그는 스마트폰 이후의 시대를 주도할 기술로 앰비언트 컴퓨팅을 꼽았는데, 앞으로 10년 내에 새로운 앰비언트 컴퓨팅 세상이 등장할 것이며 20년 내에 완전한 앰비언트 세상이 구현될 것으로 전망했다.

이후 구글, 아마존, 삼성전자, LG전자와 같은 빅테크 기업들이 앰비언트 컴퓨팅 혹은 앰비언트 인텔리전스에 관심을 기울이기 시작했다. 심지어 구글과 아마존은 앰비언트 컴퓨팅을 자사의 새로운 비전으로 설정하기도 했다. 아마존은 2022년 7월에 개최된 re:MARS 행사의 메인 주제를 앰비언트 인텔리전스로 설정했으며, 이후 개발되는 모든 기기나 인공지능 기술들은 앰비언트 서비스를 염두에 두고 개발됐다. 삼성전자와 LG전자는 앰비언트라는 용어 대신 '캄테크(Calm Technology)' 혹은 '공감 지능(Affectionate Intelligence)' 같은 용어를 사용하며 앰비언트 시대에 대한 관심을 강조하고 있다.

마이크로소프트는 가칭 윈도 12(Windows 12)로 불리는 차세대 운영체제를 앰비언트 컴퓨팅 기반으로 설계하고 있다. 화면 맥락을 이해하고 음성, 터치 등 멀티모달 입력을 지원하며, 클라우드와 로컬을 통합해 사용자 의도를 선제적으로 파악하는 지능형 OS로 운영체제를 진화시키려는 것이다. 이런 움직임은 애플과 중국의 샤오미(Xiaomi)에서도 확인된다. 이들은 생태계 통합형 OS 전략을 통해 스마트폰, 노트북, 웨어러블, 자동차 등 어떤 기기에서도 사용자 경험을 일관되게 유지함으로써 앰비언트 시대를 준비하고 있다. 또한 두 회사 모두 사용자가 기기를 따로 조작하지 않아도 서비스가 끊김 없이 이어지는 경험을 제공하려 하고 있다.

앰비언트 인텔리전스의 주요 특징

앰비언트 인텔리전스는 기존 인공지능이나 스마트 시스템과 몇 가지 측면에서 차별적인 특징을 갖는다. 첫째, 앰비언트 인텔리전스는 인식할 수 없다(Unaware or Invisible). 기존 인공지능을 이용하기 위해서는 명령어(Prompt)를 입력하거나 특정한 앱을 조작해야만 했다. 하지만 앰비언트 환경에서 사용자는 더 이상 인공지능과 직접 상호작용할 필요가 없다. 따라서 앰비언트 인텔리전스는 보이지 않게 환경 속에 스며들어 작동한다.

둘째 특징은 맥락을 이해한다(Context-Aware)는 것이다. 현재의 인공지능이 단순히 특정한 유형의 데이터에만 반응하는 데 비해, 앰비언트 인텔리전스는 사용자의 상태, 일정, 주변 조건 등을 종합적으로 고려해 판단한다. 예를 들어 같은 조명 장치를 조정하더라도 아침에는 개운하게 잠에서 깨어나도록 하는 기상 보조 역할을 하도록 동작시키며, 밤에는 긴장을 풀며 편하게 잠자리에 들 수 있는 취침 보조 역할을 하도록 동작시킨다.

셋째 특징은 선제적(Proactive)이다. 앰비언트 인텔리전스는 사용자에게 필요할 것 같은 서비스를 사용자가 요청하기 전에 스스로 알아서 제공한다. 교통 체증을 예측해 출근 시간을 앞당기도록 안내하거나 출근 경로를 조정하는 것이 대표적이다. 혹은 사용자의 체온 변화나 특정한 공간에 존재하는 사람들의 수를 바탕으로 에어컨의 온도를 알아서 조절하기도 한다.

넷째 특징은 개인 맞춤형(Personalized) 경험을 제공한다는 것이다. 동일한 서비스일지라도 사용자나 상황에 따라 다른 형태의 서비스를 제공하게 된다. 더위를 타는 아들이 거실에 있을 때는 에어컨이 23도로 동작하지만, 더위에 둔감한 딸이 거실에 있을 때는 26도로 동작하게 된다. 만약 아들과 딸이 동시에 거실에 있다면 온도를 25도로 조절하되, 아들이 있는 위치를 확인한 후 아들 쪽으로는 강한 바람을 보내고 딸 쪽으로는 바람의 세기를 약하게 하는 식이다.

다섯째 특징은 연속성(Seamless) 혹은 분산성(Distributed)이다. 앰비언트 서비스는 특정한 기기나 공간에 국한되지 않는다. 사용자가 이용하는 여러 기기는 물론 집-이동 수단-직장-공공 공간이 하나의 네트워크로 연결되어 사용자를 끊김 없이 지원한다. 물리적 장치와 공간이 지능적 생태계로 이어지는 것이다. 예를 들어, 집에서 음악을 듣다가 외출하려고 주차장에 내려간다고 생각해 보자. 현관문을 나서는 순간 AI 스피커에서 나오던 음악은 무선 이어폰이나 스마트 안경을 통해 흘러나오게 되고, 차에 올라타 시동을 거는 순간 다시 자동차의 스피커에서 음악이 나오는 식이다.

마지막 특징은 적응성(Adaptable)이다. 앰비언트 지능은 사용자의 행동, 습관, 선호도의 변화를 지속적으로 학습하고, 그에 맞춰 스스로의 동작 방식을 조정한다. 단순히 설정된 규칙에 따라 움직이는 것이 아니라, 새로운 데이터를 바탕으로 더 나은 서비스를 제공하도록 진화하는 특징을 가지고 있다.

앰비언트 서비스의 구현

1950년대 시작된 인공지능에 대한 연구가 2020년대 들어서며 본격적인 빛을 발하기 시작한 것은 GPU, TPU, 그리고 대규모 병렬 연산 장치와 클라우드 인프라가 AI 학습 속도를 비약적으로 향상시켰고 2017년에 제안된 트랜스포머(Transformer) 구조가 자연어 처리 및 멀티모달 모델의 비약적인 발전을 이끌며 대규모 생성형 AI가 등장하는 기반을 마련했기 때문이다. 그러나 여기에 빼놓지 말아야 할 것이 또 하나 있는데, 바로 데이터의 폭증이다. 스마트폰, IOT, 소셜미디어 등으로 생성되는 방대한 데이터가 디지털 AI 학습의 연료가 되었기 때문이다.

이런 관점에서 다양한 장치, 공간, 산업에서 피지컬 AI가 본격화되고 이들이 유기적으로 연결되어 앰비언트 시대가 도래하기까지는 많은 시간이 걸릴 것으로 전망된다. 강력한 컴퓨팅 파워나 피지컬 AI에 적합한 알고리듬은 그렇다 치더라도, 피지컬 AI의 기반이 될 피지컬 데이터를 확보하는 데 오랜 시간이 걸릴 것이기 때문이다. 이런 문제를 해결하기 위해 엔비디아는 '코스모스(Cosmos)' 같은 플랫폼을 제안하기도 했다. 이 플랫폼은 로봇, 자율주행차, 영상 분석 AI 에이전트 등에 필요한 가상 환경 생성, 합성 데이터, 그리고 모델 기반의 추론 역량을 제공하는 '월드 파운데이션 모델(World Foundation Model)'을 포함한다.

그러나 코스모스와 같은 플랫폼이 피지컬 AI나 앰비언트 서비스를 위한 완벽한 솔루션을 제공할 수 없을 뿐더러, 모든 기업들이 이런 플랫폼을 이용할 수 있는 것도 아니다. 특히 코스모스는 합성 데이터에 의존하기 때문에 현실 환경의 복잡성과 변동성을 완전히 재현하는 데 한계가 있다. 시뮬레이션과 실제 환경 차이(sim-to-real gap) 문제가 존재해 로봇이나 자율주행차에 적용 시 예기치 못한 오류가 발생할 가능성도 무시할 수 없다. 게다가 희귀한 이벤트나 비정형적 상황을 포괄하기 어렵다는 것도 한계로 지적되고 있다.

따라서 피지컬 AI 기술을 개발하거나 이를 바탕으로 앰비언트 서비스를 제공하려는 기업들은 장기적으로 합성 데이터 외에도 현실 데이터 혹은 피지컬 데이터를 확보하기 위해 노력해야 한다. 문제는 아직까지 피지컬 데이터를 확보할 수단이나 방법이 많지 않다는 것이다. 테슬라의 경우 2025년 2분기에 약 8백만 대의 차량이 전 세계의 길거리를 누비며 현실 데이터를 수집하고 있지만, 피지컬 데이터를 확보할 수단 자체가 부족한 상황이다. 로봇이나 다른 분야는 여전히 실험실 수준이거나 파일럿 단계에 머물러 있다.

피지컬 데이터를 빨리 확보하기 위해서는 먼저 다양한 유형의 센서가 내장된 장치들을 빠르게 보급하고 여기서 관측된 데이터를 합법적이고 윤리적인 방법으로 수집해야 한다. 새로운 센서 장치를 보급하는 것도 방법이지만, 이미 설치된 장치에서 수집되는 데이터를 활용하는 것도 방법이다. 교통, 환경, 도시 인프라 데이터 등 정부나 공공 기관이 보유하고 있는 공공 데이터 및 오픈 데이터를 활용하는 것이 이에 해당한다. 쇼룸이나 테스트 공간을 마련하는 것도 생각할 수 있으나, 이 방법은 데이터의 보편성 확보 측면에서 거의 도움이 되지 않는다.

또 다른 부분은 기초적인 수준의 피지컬 AI 혹은 앰비언트 서비스의 이용을 활성화하는 것이다. 스마트홈 서비스를 예로 들면, 스마트폰 앱을 이용하는 현재의 방식을 생성형 AI 기반으로 전환해 남녀노소 누구나 쉽게 자연어를 이용해 스마트홈 서비스를 이용하도록 하는 것이다. 이와 더불어 자신의 생활 패턴에 맞는 자동화 서비스를 생성해서 이용하도록 유도해야 한다. 스마트홈에 생성형 AI를 적용하면 '매일 아침 6시에 침실 조명을 켜 줘. 단, 쉬는 날은 7시 반에 켜 줘'처럼 자신이 원하는 복잡한 자동화 서비스도 쉽게 생성해서 이용할 수 있다.

그리고 다양한 사용자의 서비스 이용 패턴을 분석해 사용자 맞춤형 서비스를 선제적으로 제공하는 노력도 해야 한다. 아마존의 '알렉사 예감(Alexa Hunches)' 서비스가 대표적인데, 나의 스마트홈 기기 보유 현황 및 스마트홈 서비스 이용 패턴을 다른 사용자들의 그것과 비교해 내게 맞는 서비스를 미리 추천해 준다. 이 외에 생필품의 사용 빈도를 바탕으로 해당 제품을 미리 주문해 주는 아마존의 '대시 보충 서비스(Dash Replenishment

Service)'나 '선행 포장 배송 서비스(Anticipatory Package Shipping)'도 앰비언트 서비스를 대비하기 위한 초기 노력에 해당한다.

현재 스마트홈을 중심으로 시도되고 있는 이런 방법들은 얼마든지 다른 응용 분야에도 폭넓게 활용될 수 있을 것으로 생각된다. 물론 뛰어난 AI 모델을 개발하고 강력한 컴퓨팅 파워를 확보하는 것도 중요하지만, 그것만으로는 충분하지 않다. 현실 세계에서 발생하는 다양한 맥락과 변화를 담아낸 고품질 현실 데이터는 그 어떤 자원보다 확보하기가 어렵고 희소성이 크기 때문이다. 따라서 이 현실 데이터를 경쟁자들보다 먼저 체계적이고 전략적으로 수집 및 활용하기 위해 노력해야 할 것이다. 피지컬 AI와 앰비언트 시대가 본격적으로 도래했을 때, 이런 노력을 한 기업의 미래는 다른 어떤 기업보다 더욱 밝고 견고하게 펼쳐질 것이라고 확신한다.

09
데이터 보안, 프라이버시, 윤리

피지컬 AI 시대는 우리에게 놀라운 편리함과 효율성을 약속한다. 하지만 이 똑똑한 기술이 우리 삶의 더 깊숙한 곳으로 스며들수록, 우리는 새로운 질문과 마주하게 된다. 바로 데이터 보안, 개인정보 보호, 그리고 윤리적 책임에 대한 질문이다. 피지컬 AI는 현실 세계에서 우리의 모든 행동을 지각하고, 데이터를 생성하며, 자율적으로 움직인다. 이러한 특성 때문에 디지털 AI보다 훨씬 더 민감하고 복잡한 문제들을 야기할 수 있다.

AI와 기자?

데이터 보안: 피지컬 AI의 아킬레스건

피지컬 AI는 센서를 통해 현실 세계에서 방대한 양의 데이터를 끊임없이 수집한다. 이 데이터는 기기 내부(온디바이스 AI), 에지 서버, 그리고 클라우드에 걸쳐 저장되고 처리된다. 이러한 데이터 흐름의 복잡성 때문에 피지컬 AI 시스템은 사이버 공격에 다양한 취약점을 가질 수 있으며, 이는 단순한 정보 유출을 넘어 물리적인 위험으로 이어질 수 있다.

첫째, 데이터 유출 및 변조 위험이다. 자율주행차의 주행 데이터, 스마트홈 로봇이 촬영한 집안 영상, 스마트 팩토리의 생산 정보 등 피지컬 AI가 수집하는 데이터는 매우 민감하고 가치가 높다. 만약 이러한 데이터가 해킹으로 유출된다면 개인의 사생활이 침해되거나 기업의 영업 비밀이 노출될 수 있다. 더 나아가, 데이터가 악의적으로 변조된다면 피지컬 AI 시스템이 오작동해 심각한 물리적 피해를 야기할 수도 있다. 예를 들어 자율주행차의 지도 데이터가 변조되어 잘못된 경로로 유도되거나, 공장 로봇의 작업 지시가 변조되어 생산 라인에 손상을 입히는 상황이 발생할 수 있다.

둘째, 피지컬 AI 시스템 자체의 해킹 위험이다. 피지컬 AI는 물리적인 행동을 수행하는 특성상, 시스템이 해킹당하면 현실 세계에 직접적인 위협을 가할 수 있다. 자율주행차가 원격으로 조종당해 교통사고를 유발하거나, 스마트팩토리의 로봇 팔이 오작동해 작업자를 공격하고 생산 설비를 파괴하는 시나리오는 더 이상 공상과학 영화 속 이야기가 아니다. 실제로 2016년 중국 보안업체는 테슬라 자동차의 원격 해킹에 성공해 원격으로 자동차를 통제하는 모습을 보이며 세상을 깜짝 놀라게 한 적도 있다.

전력망 관리 시스템, 스마트시티의 교통 제어 시스템 같은 핵심 인프라에 적용된 피지컬 AI가 해킹당한다면 도시 전체가 마비되는 대규모 혼란으로 이어질 수도 있다. 따라서 피지컬 AI 시스템은 소프트웨어적인 보안뿐만 아니라 하드웨어적인 보안, 그리고 운영 과정 전반에 걸친 종합적인 보안 체계를 필수적으로 구축해야 한다. 이는 강력한 암호화 기술, 침입 탐지 및 방어 시스템, 그리고 블록체인 기반의 데이터 무결성 검증 기술 등을 통해 강화될 수 있다.

셋째, 공급망 보안의 복잡성이다. 피지컬 AI 시스템은 다양한 하드웨어 부품, 소프트웨어 모듈, 클라우드 서비스 등으로 구성된다. 이 복잡한 공급망 중 어느 한 곳이라도 보안 취약점이 발생하면 전체 시스템이 위험에 노출될 수 있다. 따라서 부품 생산부터 소프트웨어 개발, 시스템 통합, 그리고 최종 배포 및 운영에 이르기까지 전 과정에 걸쳐 엄격한 보안 감사가 이루어져야 한다.

프라이버시: 감시와 통제의 위험

피지컬 AI는 우리의 일상 생활 공간에 깊숙이 들어와 우리를 지각하고 이해하려 한다. 이는 현재 보편적으로 사용되는 디지털 AI에 비해 막대한 편의를 제공하지만, 동시에 다양한 형태로 개인의 프라이버시를 침해할 가능성을 제시한다. 예를 들면 지속적인 감시와 데이터의 수집, 개인정보의 비자발적 노출 및 활용, 익명화된 데이터의 재식별 가능성이 그에 해당한다. 이들에 대해 하나씩 살펴보자.

지속적인 감시와 데이터의 수집: 지능형 로봇청소기나 스마트홈 로봇은 우리 집 안을 돌아다니며 영상을 촬영하고 음성을 녹음할 수 있다. 웨어러블 기기는 우리의 건강 상태, 수면 패턴, 위치 정보 등을 끊임없이 수집한다. 마찬가지로 도시 곳곳에 설치된 CCTV와 센서는 우리의 동선, 얼굴, 행동 패턴을 분석한다. 이러한 데이터들이 개별적으로는 문제가 없어 보일 수 있지만, 통합되고 분석될 경우 개인의 사생활에 대한 전례 없는 수준의 통찰력을 제공할 수 있다. 누가 언제 누구와 무엇을 하는지, 심지어 우리의 감정 상태까지 추정하는 것이 가능해지면서, 우리는 보이지 않는 감시 속에 살게 될 수도 있다. 이러한 우려는 영화 〈마이너리티 리포트〉에서 고스란히 지적되고 있다.

개인정보의 비자발적 노출 및 활용: 피지컬 AI는 사용자가 인지하지 못하는 사이에 데이터를 수집하고 활용할 가능성이 높다. 예를 들어 스마트 냉장고가 사용자의 식습관 데이터를 분석해 이를 특정 광고주에게 판매하거나, 로봇청소기가 집안의 가전제품 정보를 수집해 돈을 받고 가전 회사에 제공하는 등의 시나리오를 생각해볼 수 있다.

동의 없이 수집되거나 의도와 다르게 활용되는 개인정보는 사생활 침해를 넘어 차별이나 불이익으로 이어질 수 있다. 따라서 데이터 수집 및 활용에 대한 명확한 고지, 사용자의 명시적인 동의, 그리고 데이터 사용 범위에 대한 통제권 부여가 필수적이다. 또한 필요에 따라서는 사용자 정보의 활용에 따른 적절한 보상을 제공하는 방법도 고민해야 한다. '데이터 주권(Data Sovereignty)'의 개념이 피지컬 AI 시대에는 더욱 중요해질 것이다.

익명화된 데이터의 재식별 가능성: 사용자의 프라이

버시를 보호하기 위해 개인정보가 익명화되어 제공된다고 하더라도, 다른 공개 데이터와 결합될 경우 특정 개인을 다시 식별할 수 있는(재식별, Re-identification) 가능성이 존재한다. 예를 들어 특정 시간대에 특정 장소에 있었던 사람의 동선 데이터를 다른 인구통계학적 데이터나 SNS 게시물 정보와 결합하면, 익명화된 데이터 속의 개인이 누구인지 추적하는 것이 가능할 수도 있다. 실제로 미국 카네기멜론 대학의 연구에 따르면, 환자 이름과 주민번호를 삭제하더라도, 나이, 성별, 우편번호, 병력이 포함된 건강 검진 데이터만으로 미국 인구의 87%를 식별하는 것이 가능하다. 이러한 기술적 위험을 인지하고, 더욱 강력한 익명화 기법과 개인정보 보호 기술(예: 동형암호, 차등 프라이버시)을 적용하는 것이 중요하다.

윤리적 고려: 통제 불능의 책임과 문제

피지컬 AI는 단순한 도구가 아니라 자율적으로 판단하고 행동하는 주체로서의 특성을 가진다. 이는 불분명한 책임 소재, 편향성과 차별, 그리고 인간의 통제권 상실과 의존성 심화와 같은 심각한 윤리적 질문을 던진다.

먼저 책임 소재의 불분명함에 대해 살펴보자. 자율주행차가 사고를 일으키거나, 의료 로봇이 오작동으로 환자에게 피해를 입혔을 때, 그 책임은 누구에게 있을까? 제조사, 소프트웨어 개발사, AI 학습 데이터 제공자, 최종 사용자, 또는 AI 시스템 그 자체일까? 피지컬 AI의 자율성이 높아질수록 책임 소재는 더욱 복잡해지며, 기존 법률 체계로는 명확한 답을 내리기 어렵다.

물론 2025년 8월에 미국에서 내려진 자율주행차 사고의 책임에 대한 판결의 경우, 자율주행 기능을 제공하는 테슬라의 책임 비율을 33%로 인정했다. 하지만 이러한 책임 비율은 사고의 형태에 따라 언제든지 달라질 수 있다. 따라서 인공지능의 자율성과 책임 소재에 대한 새로운 법적, 제도적 프레임워크를 마련하는 것이 시급하다. 또한 '킬 스위치(Kill Switch)'와 같이 인간의 최종 제어권을 보장하는 메커니즘을 설계에 반영하는 것도 필요하다.

둘째, 인공지능의 편향성(Bias)과 차별이다. 인공지능은 학습 데이터에 기반해 판단을 내린다. 만약 학습 데이터에 사회적 편견이나 차별적인 요소가 포함되어 있다면, 인공지능은 이를 그대로 학습해 현실 세계에서 편향된 행동을 할 수 있다. 예를 들어 특정 인종이나 성별에 대한 안면 인식률이 낮거나, 특정 사회 계층에 대한 대출 심사에서 불이익을 주는 등 피지컬 AI가 현실에서 차별을 야기할 가능성이 있다.

이는 인공지능 시스템의 공정성과 투명성을 보장하기 위한 다양하고 균형잡힌 데이터의 사용 및 철저한 데이터 검증, 알고리즘 감사, 그리고 지속적인 모니터링을 요구한다. 인공지능의 설명 가능성(Explainable AI, XAI)을 높여 인공지능이 왜 그런 판단을 내렸는지 이해할 수 있도록 하는 노력도 필요하다.

셋째, 인간의 통제권 상실 및 의존성 심화도 빼놓을 수 없다. 피지컬 AI가 너무나 편리하고 효율적이어서 인간이 의사 결정의 주도권을 넘겨주고 과도하게 의존하게 될 위험이 있다. 스스로 모든 것을 판단하고 실행하는 자율 시스템은 언뜻 효율적으로 보이지만, 예상치 못한 상황에서 인간의 통제를 벗어나거나, 인간이 시스템의 오작동을 인지하지 못하게 될 수도 있다. 또한 피지컬 AI에 대한 과도한 의존은 인간의 문제 해결 능력이나 신체적, 정신적 기능 저하로 이어질 수 있다는 우려도 제기된다. 따라서 인공지능 시스템은 항상 인간 중심(Human-in-the-Loop)의 원칙을 지켜 인간이 최종적인 통제권을 가지도록 설계되어야 한다. 인공지능은 도구로서 인간을 돕고 보완하는 역할을 해야 하며, 인간의 자율성을 침해해서는 안 된다.

넷째, 고용 시장의 변화와 사회적 불평등이다. 피지컬 AI와 로봇 자동화는 단순 반복적인 업무뿐만 아니라 복잡한 인지 능력을 요구하는 업무까지 대체할 수 있다. 이는 필연적으로 대규모 일자리 변화를 야기하며, 특정 직업군에서는 실업 문제가 발생할 수 있다. 기술 발전의 혜택이 일부 계층에만 집중되어 사회적 불평등이 심화될 수 있다는 우려도 있다. 따라서 새로운 직업 교육 프로그램 개발, 사회 안전망 강화, 그리고 기술 발전의 혜택을 모든 사회 구성원이 고루 누릴 수 있는 방안 모색이 필요하다.

안전하고 책임감 있는 피지컬 AI 발전을 위한 노력

이러한 도전 과제들을 해결하고 피지컬 AI의 긍정적인 잠재력을 최대한 실현하기 위해서는 다각적인 노력이 필요하다. 먼저 기술적인 안전 장치를 강화해야 한다. 예를 들면 암호화나 침입 방지 시스템 같은 강력한 사이버 보안 기술, 연합 학습이나 동형 암호(Homomorphic Encryption, 암호화된 상태에서 데이터를 계산하거나 처리할 수 있게 하는 암호 기술) 같은 데이터 프라이버시 보호 기술, 강건성(robustness)이나 설명 가능성 같은 AI

모델의 안전성 및 신뢰성 검증 기술 등을 개발하고 적용해야 한다. 인공지능 시스템의 오작동을 감지하고 자동으로 안전 모드로 전환하는 '페일 세이프(Fail-safe)' 메커니즘도 필수적이다.

기술적인 안전 장치와 더불어 법률 및 관련 제도의 정비도 필요하다. 피지컬 AI의 특성을 반영한 새로운 법규와 규제가 시급히 마련되어야 한다. 자율 시스템의 책임 소재를 명확히 하고, 데이터 수집 및 활용에 대한 사용자 동의 절차를 강화하며, 인공지능 시스템의 안전성 검증 및 인증 기준을 수립해야 한다.

국제적인 협력을 통해 인공지능 윤리 규범과 표준을 마련하는 것도 필요하다. 예를 들면 2023년에 미국과 영국은 AI 안전 연구를 담당하는 기관을 설립했고, 이후 한국, 일본, 프랑스, 독일 등과 함께 국제 AI 안전 연구소 네트워크를 공식 출범하기도 했다. 2024년 서울 선언(AI Seoul Summit 2024)에서는 안전하고 혁신적이며 포용적인 AI를 위한 국제 협력 강화를 약속하기도 했다.

윤리 가이드라인의 수립 및 교육도 병행되어야 한다. 인공지능 개발자와 연구자는 기술 개발 단계부터 윤리적 가치를 내재화하고, 사회적 책임을 인식해야 한다. 이를 위한 윤리 교육 프로그램을 강화하고, 인공지능 윤리 가이드라인을 수립해 개발과 활용의 모든 단계에서 준수하도록 장려해야 한다. 일반 시민들도 인공지능의 작동 원리와 잠재적 위험을 이해하고, 기술 사용에 대한 비판적 사고 능력을 함양할 수 있도록 교육이 이루어져야 한다. 우리나라의 경우 2024년 12월 「인공지능 기본법」을 제정하며 윤리, 안전, 투명성을 중심으로 한 AI 거버넌스 기반을 마련하고자 노력하고 있다.

마지막으로 다양한 이해관계자의 참여와 사회적 합의가 필요하다. 피지컬 AI의 발전과 활용은 단순히 기술 기업만의 문제가 아니다. 정부, 학계, 시민 단체, 일반 시민 등 모든 이해관계자가 참여해 논의하고 합의하는 과정이 필요하다. 투명한 정보 공개와 열린 토론을 통해 피지컬 AI가 추구해야 할 가치와 방향에 대한 사회적 공감대를 형성하는 것이 중요하다. 아직까지 피지컬 AI에 대한 이해가 부족한 상황이므로, 이러한 노력은 피지컬 AI에 대한 이해에서 시작되어야 할 것이다.

피지컬 AI는 우리 삶의 편리함과 효율성을 극대화하며 새로운 시대를 열 잠재력을 가지고 있다. 하지만 이 강력한 기술이 인간에게 이롭게 작용하려면, 기술적 진보와 함께 데이터 보안, 프라이버시, 그리고 윤리적 책임이라는 숙제를 반드시 풀어야 한다. 안전하고 신뢰할 수 있는 피지컬 AI 시스템을 구축하고, 사회 전체가 기술의 혜택을 고루 누릴 수 있도록 현명한 고민과 지속적인 노력이 필요하다.

10
피지컬 AI 시대에 준비해야 할 것들

피지컬 AI의 개념부터 이를 구성하는 핵심 기술들, 다양한 활용 사례, 다가올 앰비언트 시대의 비전까지 살펴봤다. 그리고 피지컬 AI 시대의 데이터 보안, 프라이버시, 윤리 문제까지 함께 고민해 봤다. 이제 피지컬 AI 시대의 도래가 우리에게 던지는 가장 근본적인 질문인 인간과 AI의 공존에 대한 문제에 답할 차례다. 피지컬 AI가 보편화될수록 인간의 역할은 어떻게 변화하며, 우리는 이 강력한 기술과 어떻게 조화롭게 살아가야 할까?

AI와 미래 의사?

인간의 역할 변화와 새로운 직업의 등장

피지컬 AI와 로봇 자동화의 발전은 필연적으로 일자리 시장을 변화시킬 것이다. 단순 반복적이거나 육체적으로 힘든 작업은 피지컬 AI 로봇이나 자율주행 장치에 의해 대체될 가능성이 높다. 실제로 미국에서는 자율주행 기반의 로보택시(Robotaxi) 서비스가 부분적으로 제공되고 있고, 주요 완성차 제조사들은 지능형 로봇을 생산 현장에 투입하고 있다. 하지만 이를 놓고 단순히 일자리 축소나 일자리 소멸이라는 결론을 내려서는 안 된다. 오히려 인간의 역할이 재정의되고 새로운 형태의 직업이 등장할 기회가 되기 때문이다.

피지컬 AI는 인간을 반복적이고 지루한 업무에서 해방시켜, 더욱 창의적이고 전략적이며 공감 능력을 요구하는 업무에 집중할 수 있도록 도울 것이다. 예를 들어 공장 노동자는 로봇을 감시하고 관리하며, 복잡한 문제 해결이나 로봇이 수행하기 어려운 미세 작업에 투입될 수 있다. 의료진은 로봇이 수행하는 기본적인 진료 및 수술 보조 외에 환자와의 정서적 교감, 복잡한 진단, 그리고 치료 계획 수립 등 고도의 인지 능력과 공감 능력이 필요한 업무에 집중하게 될 것이다.

또한 피지컬 AI 기술이 확산됨에 따라 전에는 존재하

지 않던 새로운 직업군이 대거 등장할 것으로 보인다. 그 중 몇 가지를 정리하면 다음과 같다:

먼저, 인간-로봇 상호작용 디자이너다. 다양한 분야에서 사람과 AI 로봇이 물리적으로 접촉·협력하는 상황이 늘어나면서 안전하고 직관적인 상호작용 방식에 대한 설계가 중요해진다. 로봇의 동작이나 움직임 속도, 사람과의 거리 유지 규칙도 사람과 환경에 맞게 결정되어야 한다.

AI 행동 안전 검증 전문가 및 로봇 윤리 운영관 같은 직업군도 생각해 볼 수 있다. 피지컬 AI는 실제 사고 위험과 직결될 수 있으므로, 로봇의 의사 결정과 행동을 검증 및 인증하는 AI 행동 안전 검증 전문가가 필요할 것이다. 또한 로봇이 인간을 직접 돌보거나 지휘하는 경우 AI 로봇이 인간의 존엄성을 침해하지 않도록 윤리적 의사 결정 가이드라인을 설계하고 모니터링하는 역할도 필요하다.

AI-로봇 협업 코디네이터도 필요하다. 공장, 물류 센터 등에서 인간과 로봇이 혼합된 노동 환경이 표준이 되면, 작업 분배, 충돌 방지, 효율 최적화를 담당하는 사람도 필요하다. 일종의 팀 리더 역할인데, 현재와 다른 부분이 있다면 사람과 로봇이 혼합된 팀이 구성된다는 것이다.

동시에 로봇 유지 보수 및 튜닝 엔지니어도 필요하다. 이 직업군은 기존 기계 정비공에서 발전된 형태이지만, 단순히 기계적 수리뿐 아니라 AI 모델의 업데이트, 센서 보정, 실시간 튜닝 등 AI와 관련된 작업까지 병행할 수 있는 새로운 직업군이다.

조금 더 보편적으로는 AI 트레이너 및 데이터 라벨러 직업군도 필요하다. 이들은 AI 모델이 정확하게 작동하도록 데이터를 수집하고 분류하며, 인공지능의 의사 결정을 검증하고 교정하는 역할을 수행한다. 특히 피지컬 AI는 현실 데이터를 기반으로 학습하므로, 현장 데이터를 정제하고 인공지능이 실제 환경을 정확히 인지하도록 돕는 것이 무척 중요하다.

마지막으로 휴머노이드 퍼스낼리티 트레이너 같은 직업군도 생각해 볼 수 있다. 시간이 지나며 피지컬 AI 로봇은 사람과 상호작용할 때, 사람과 비슷하게 개성이나 행동 스타일이 중요해질 것이다. 예를 들면 기업에서 사용되는 로봇은 가정에서 사용되는 로봇과 다른 말투와 행동 습관, 서비스 태도를 가져야 할 것이다. 또한, 노인을 대하는 로봇과 아이를 대하는 로봇의 말투나 행동 방식도 서로 달라야 한다.

이 외에도 피지컬 AI 시스템 설계자 및 통합 전문가, 가상/증강 현실 콘텐츠 개발자, 그리고 AI 윤리 및 거버넌스 전문가도 필요할 것이다. 물론 이런 새로운 일자리들도 시간이 지나면서 점점 사라질 가능성도 없지 않다.

아무튼 이렇게 급변하는 기술 환경에 적응하기 위해서는 평생학습이 필수가 될 것이다. 기존 지식과 기술만으로는 빠르게 변화하는 노동 시장의 요구를 충족하기 어렵기 때문이다. 따라서 정부, 기업, 교육 기관은 재교육 프로그램과 직업 전환 훈련을 통해 개인이 새로운 기술을 습득하고 변화된 환경에 적응할 수 있도록 적극적으로 지원해야 할 것이다.

인간과 AI의 협력: 초협력 사회로의 전환

피지컬 AI 시대는 인간과 인공지능이 서로의 강점을 활용해 협력하는 초협력 사회(Hyper-collaborative Society)로의 전환을 의미한다. 인공지능은 인간의 물리적 한계를 보완하고, 인간은 창의성, 공감 능력, 윤리적 판단과 같은 인공지능의 한계를 보완하는 방식으로 공존할 것이다.

인공지능은 인간의 지능을 대체하는 것이 아니라 증강(Augment)하는 도구로서 활용될 것이다. 즉, 증강 지능(Augmented Intelligence)이 광범위하게 활용될 것이다. 복잡한 데이터 분석, 패턴 인식, 예측 모델링 등 인공지능이 강점을 가진 영역은 인공지능에 맡기고, 인간은 인공지능이 제시한 정보를 바탕으로 더욱 빠르고 정확하며 통찰력 있는 의사 결정을 내리는 데 집중하게 될 것이다. 의료 분야에서 인공지능이 환자 데이터를 분석하고 진단 보조 의견을 제시하면, 의사는 이를 바탕으로 최종 진단을 내리고 치료 계획을 수립하는 식이다.

공장, 물류, 서비스 현장에서 인간과 로봇은 더욱 긴밀하게 협력할 것으로 기대된다. 협동 로봇(Cobots)은 인간 작업자의 옆에서 안전하게 작업하며, 무거운 물건을 들어 주거나 정밀한 조립 작업을 돕는다. 로봇은 반복적이고 위험한 작업을 수행하고, 인간은 로봇을 관리하고 통제하며, 예기치 못한 상황에 대한 해결책을 제시하는 등 서로의 역할을 보완하며 생산성을 극대화할 것이다.

피지컬 AI는 인류가 당면한 기후 변화, 자원 고갈, 고령화, 팬데믹 등 복잡한 사회 문제를 해결하는 강력한 도구가 될 수 있다. 스마트 농업 로봇은 식량 생산 효율을 높이고, 스마트 그리드는 에너지 생산과 소비를 최적화하며, 재난 대응 로봇은 인명 구조 및 복구를 도울 것이다. 인공지능은 방대한 데이터를 분석해 문제의 근본 원인을 파악하고 최적의 해결책을 제시하며, 피지컬 AI는 이를 현실에서 실행하는 역할을 수행해 인류의 지속 가능한 발전에 기여할 것이다.

윤리적 책임과 사회적 합의의 중요성 증대

피지컬 AI의 발전은 기술적 가능성뿐만 아니라 윤리적, 사회적, 철학적 질문을 끊임없이 던질 것이다. 이는 단순히 기술 개발의 문제가 아니라, 우리가 어떤 미래 사회를 만들어 갈 것인가에 대한 근본적인 논의로 이어진다.

피지컬 AI는 우리의 모든 일상을 데이터화할 잠재력을 지니고 있다. 따라서 개인의 데이터 주권을 강화하고, 프라이버시를 보호하기 위한 강력한 법적, 제도적 장치가 필수적이다. 데이터 수집 및 활용에 대한 투명한 고지, 사용자의 명시적인 동의, 그리고 데이터 통제권 보장이 그 어느 때보다 중요해질 것이며, 따라서 연합 학습과 같은 프라이버시 보호 기술의 적극적인 도입도 필요하게 된다.

인공지능 시스템이 자율적으로 판단하고 행동할수록, 그 결정 과정의 설명 가능성(Explainability)이 더욱 중요해진다. 인공지능이 왜 그런 결정을 내렸는지 이해할 수 있어야 하고, 오류 발생 시 책임 소재를 명확히 할 수 있어야 한다. 또한 자율주행차 사고, 의료 로봇 오작동 등 피지컬 AI로 인한 문제 발생 시 법적, 윤리적 책임을 누가 질 것인가에 대한 사회적 합의와 제도적 마련도 필요하다.

피지컬 AI에 대한 과도한 의존은 인간의 자율성을 침해하거나 판단 능력을 저하시킬 수 있다. 인공지능은 도구로서 인간을 돕고 보완하는 역할을 해야 하며, 인간이 시스템에 대한 최종적인 통제권을 가지도록 설계되어야 한다. 따라서, 킬 스위치와 같은 안전 장치 마련과 함께, 인간의 자율성과 존엄성을 최우선으로 고려하는 인공지능의 개발 및 활용 원칙이 확립되어야 한다.

피지컬 AI의 혜택이 특정 계층이나 지역에만 집중되지 않도록, 기술 불평등을 해소하고 모든 사회 구성원이 기술 발전의 혜택을 고루 누릴 수 있게 노력해야 한다. 디지털 리터러시 교육 강화, 비용 측면에서의 인공지능 기술 접근성 확대, 그리고 인공지능으로 인한 일자리 변화에 대비한 사회 안전망 구축 등이 필요하다. 피지컬 AI는 장애인, 노약자 등 사회적 약자의 삶의 질을 높이는 데 기여할 수 있는 잠재력이 있으므로, 포용적 기술 개발에 대한 투자와 관심 역시 중요하다.

피지컬 AI는 국경을 넘어 작동하며 전 세계에 영향을 미치므로, 단일 국가의 노력만으로는 한계가 있다. 국제적인 협력을 통해 인공지능 윤리 가이드라인, 기술 표준, 그리고 거버넌스 체계를 구축해 안전하고 책임감 있는 피지컬 AI 발전을 위한 기반을 마련해야 할 것이다.

지속 가능한 미래를 위한 피지컬 AI의 역할

궁극적으로 피지컬 AI는 인류가 직면한 다양한 지속 가능성 문제를 해결하는 데 중요한 역할을 할 수 있다. 예를 들면 기후 변화 및 환경 문제에 대응하고 자원 효율성을 증대시키는 것이다.

스마트 그리드는 에너지 효율을 극대화하고 신재생에너지 사용을 촉진함으로써 탄소 배출량을 줄인다. 인공지능 기반의 환경 모니터링 시스템은 오염원을 실시간으로 감지하고, 스마트 폐기물 관리 시스템은 자원 재활용률을 높인다. 정밀 농업은 비료와 물 사용을 최적화해 환경 부담을 줄이고 식량 생산의 지속 가능성을 높일 것이다. 피지컬 AI 로봇은 위험한 환경 정화 작업이나 재활용 공정의 효율을 높이는 데 기여할 수 있다.

산업 현장에서 피지컬 AI는 생산 공정을 최적화하고 불량률을 줄여 자원 낭비를 최소화할 것이다. 스마트 빌딩은 에너지 소비를 실시간으로 제어해 건물 에너지 효율을 극대화할 것이다. 또한 자율주행 물류 시스템은 운송 효율을 높여 연료 소비를 줄이고 탄소 발자국을 감소시킬 것이다.

고령화 사회에서 돌봄 로봇과 스마트 헬스케어 시스템은 노인과 환자의 삶의 질을 높이고 의료 시스템의 부담을 줄일 것이다. 재난 대응 로봇은 인명 피해를 줄이고 안전한 사회를 만드는 데 기여할 것이다. 개인화된 교육 시스템은 모든 사람에게 맞춤형 학습 기회를 제공해 전반적인 사회의 지적 수준을 향상시킬 것이다.

피지컬 AI 시대는 인류에게 전례 없는 기회와 도전을 동시에 제시할 것이다. 이 강력한 기술이 우리 삶의 모든 영역에 스며들어 우리의 존재 방식과 세상을 경험하는 방식을 근본적으로 변화시킬 것이다. 하지만 이 변화의 과정에서 우리는 기술의 잠재력을 최대한 발휘하는 동시에 인간의 가치와 존엄성을 최우선으로 여기며 윤리적, 사회적 문제들을 현명하게 해결해 나가야 한다.

피지컬 AI는 우리에게 더 편리하고, 더 효율적이며, 더 안전하고, 더 지속 가능한 미래를 약속할 것이다. 이 비전이 현실이 되기 위해서는 기술 개발자, 정책 입안자, 그리고 우리 모두의 지속적인 관심과 협력이 필요하다.

똑똑한 기술이 선한 영향력을 미치고, 인간과 인공지능이 조화롭게 공존하는 미래를 만들기 위한 노력들을 시작해야 할 때다.

김학용

매터(Matter) 표준 기반 스마트홈·스마트빌딩 솔루션 전문기업 (주)와츠매터의 설립자이자 대표이사다. 2020년까지 순천향대학교 및 부산대학교에서 교수로 재직했으며, LG유플러스, 삼성SDS(삼성네트웍스), 아카라라이프, 코어세스 등에서 연구개발 및 신사업 업무를 담당했다. 2014년부터 《사물인터넷: 개념, 구현기술, 그리고 비즈니스》, 《4차 산업혁명과 빅뱅파괴의 시대》, 《냉장고를 공짜로 드립니다: 사물인터넷에서 시작되는 비즈니스 패러다임의 변화》, 《온리원: 단 하나의 플랫폼이 세상을 지배한다》 등 '연결'과 관련된 기술(사물인터넷, IoT) 및 연결이 바꾸는 비즈니스 패러다임의 변화에 대한 책을 다수 집필했다. 2023년에는 생성형 인공지능 및 피지컬 AI가 보편화되는 시대인 앰비언트(Ambient) 시대에 대한 책 《앰비언트: 포스트 스마트폰 시대에 대비하라》도 발표했다. 이 외에 10편의 SCI 논문을 포함해 50여 편의 논문을 발표하고 10여 편의 등록 특허를 보유하고 있다. 2024년에는 스마트홈 산업 진흥 공로로 산업자원부장관 표창을, 2020년에는 행정안전부장관 표창을 수상했다.